핵두변주(核斗辨州)
별을 보며 방향을 잡다

핵두번주 核斗辨州

별을 보며 방향을 잡다

권성찬 지음

목차

| 추천사 | ⋯   7
| 성찰을 시작하며 | ⋯   17

1_선교적 존재

샤스탕 - 그가 건너던 냇가에서   ⋯   29
흑산 사람 '창대'   ⋯   35
삼류 배우   ⋯   41
아버지의 후회   ⋯   49
노팅힐   ⋯   55
뒷것   ⋯   61
예수가 된 사람들   ⋯   67
선교적 존재를 마무리하며   ⋯   73

2_선교적 방향

사람   ⋯   83
이태원의 아프간 소녀   ⋯   89
핵두변주   ⋯   95
루오와 바르트   ⋯   101
마네킹   ⋯   107
이방 과부   ⋯   113
사람 개척   ⋯   119
선교적 방향을 마무리하며   ⋯   125

3_선교적 태도
디스 배리 빅 ··· 135
이처럼 추앙하사 ··· 139
수유 생고기 집 ··· 145
오징어 게임 ··· 153
빠져야 할 때 ··· 159
선교적 선교 ··· 165
칼로 찌르는 자 ··· 169
선교적 태도를 마무리하며 ··· 173

4_선교 개념 성찰해 보기
하나님의 선교 ··· 181
우선성과 궁극성 ··· 189
상황과 실마리 ··· 197
모든 곳에서 모든 곳으로 ··· 207
다중심 ··· 213
뱀(BAM)과 램(LAM) ··· 219
현지인과 내부인 ··· 227
선교 개념 성찰을 마무리하며 ··· 233

| 글을 마무리하며 | ··· 239
| 주 | ··· 245

추천사

매월 1일이면 어김없이 한 통의 편지가 도착한다. 팬데믹 시대 GMF에서 개최한 포럼을 계기로 나 또한 2022년 4월부터 지금까지 아마도 30여 통의 대표 서신 "품에서"를 받은 것 같다.

이 편지를 설렘으로 기다리는 일이 습관이 된 이유 중 하나는 선교적 성경 읽기를 통한 저자의 연구와 묵상과 성찰이 음악, 미술, 연극, 뮤지컬, 영화 등의 예술 분야는 물론 매우 평범해 보이나 예사롭지 않은 일상의 이야기들 속에 담기고 스며들고 마침내 흘러나와 우리에게 그 메시지가 전달되고 있음을 느꼈기 때문이다.

현장에서 일하고 있는 우리는 종종 뒤처진 시대정신, 머뭇하는 반추와 성찰, 다소 경직된 자세로 익숙해진 것을 낯설게 보기 힘들어하곤 한다. 그런 우리들에게 저자는 선교적 존재로서 어떻게 성숙해 나가야 할지 특히 선교사와 현지인의 관계 속에서 성찰하고 적용하도록 마음을 북돋아 준다. 그리하여 마침내 '예수가 된 사람들'이 우리 삶의 목표가 되라고 권면하는 것 같다.

저자는 사람이 사람에게 가는 일이 선교라고 하면서 선교적 방향에서 놓치지 말아야 할 시선을 명료하게 붙잡게 한다. 그것은 바로 그리스도의 제자가 된 사람이 하나님의 형상대로 지음받은 사람을 향하여 나아가는 방향성이다.

가슴 뜨겁게 하고 벅차게 하는 통찰력으로 내게 다가온다. 그리고 선교적 태도에서 저자는 문화적 감수성을 가진 바름과 따스함의 태도가 바로 소통 그 자체임을 일깨워준다.

저자는 현재의 선교 패러다임을 정확하게 인식하도록

우리가 쉽게 이해하지 못했던 혹은 우리가 오해했던 선교 개념들을 성찰적 시각으로 조명한다. 현장 선교사로서의 경험은 물론 선교 훈련자로서의 전문성과 영성으로, 선교 단체 리더로서의 본이 되는 삶과 사역을 풍성하고 신실하게 가꿔 가는 저자의 글이 책으로 출판되어 너무 기쁘다.

이 책이 나와 같은 현장 선교사는 물론 이 땅에서 제자로 부르심을 받고 하나님의 형상대로 지음받은 사람들에게 매일 매 순간 나아가는 모든 이들의 손에 꼭 들려져서 성찰의 시간을 만나고, 깊은 묵상으로 나아가 세상과 사람에 대한 선교적 인식과 공감의 지평이 넓혀지면 좋겠다.

구에스더 V국 선교사

1980년대에 '성찰적 전회'라는 것이 인류학계를 휩쓴 적이 있었다. 여지껏 객관적이라고 믿어왔던 비서구 문화에 대한 인류학자들의 작업들이 사실은 특권적이면서도 편향적인 서구 시각에 입각한 것임을 '성찰'한 것이다. 이후 인류학자들은 "인류학이란 무엇이어야 하는가?" "인류학자란 어떤 사람이어야 하는가?"라는 질문에 대한 수많은 논의들을 해 왔다.

맥락과 내용이 차이가 있긴 하지만 이 책 역시 그와 비슷하다고 느껴진다. 저자는 전 세계 선교계가 주목할만큼 놀라운 성장과 과업을 이룩한 우리의 한국 선교를 잠시 돌아볼 것을 제안한다. 그리고 우리가 익숙하고 당연하게 사용해 왔던 선교 용어들과 우리 몸에 익은 사역의 방식들을 찬찬히 뜯어볼 수 있도록 안내한다.

선교란 무엇일까? 선교사란 어떤 사람일까? 선교적 삶이란 어떤 삶일까? 책을 읽다 보면 어느새 이런 근본적인 질문 앞에 서 있는 나 자신을 발견하게 된다.

물론 이 책은 이런 근본적인 질문들에 손쉬운 답을 내놓지는 않는다. 다만 성찰에 관한 경험과 다채로운 사례들을 통해 어렵고도 중요한 질문에 가급적 오래 머물 수 있게 독자들을 붙잡아 둔다. 그리고 가장 중요한 본질적인 질문들에 대해서 충분히 생각해보고 스스로 답할 수 있는 여백을 남겨둔다.

그래서 이 책은 누구나 쉽게 읽을 수 있는 친근한 책이지만 동시에 천천히 읽을수록 좋은 책이다. 예기치 않게 찾아오는 '성찰의 순간'에, 잠시 책을 내려놓고 충분히 음미하고 생각하는 시간을 가지시길 권해드리고 싶다. 쉽고 익숙한 답보다 성찰로 이끄는 질문에 목마른 모든 그리스도인들에게 일독을 권한다.

김재완 케임브리지대학교 사회인류학과 Ph.D. Candidate

    지금부터 10여 년 전 GMF 수련회에서 권성찬 선교사님을 처음 만났다. 그때 '탕자의 비유' 설교를 하셨는데 권 선교사님과 둘째 아들의 관계를 예로 들면서 말씀을 전하셨다. 말씀을 들으면서 속으로 '생긴 것(?)과는 다르게 뭔가 대단한 내공이 있는 분이구나!' 하는 강렬한 인상을 받았던 기억이 있다.

    10여 년 전에 들었던 설교가 아직까지도 그 내용과 감동이 생생한 것은 그 말씀이 깊은 성찰을 통해 나온 것이기 때문이었다는 것을 이 책을 읽으면서 알게 되었다. 그리고 10여 년 전에 받았던 감동을 이 책을 읽으면서 다시 받았다.

선교사님의 삶과 경험 그리고 지식을 통해 얻은 깊이 있는 '성찰이 주는 힘'이 아닐까 싶다.

이 책은 선교에 대한 책을 넘어 그리스도인으로서 우리의 존재와 삶의 방향 그리고 태도에 대해 진지하게 성찰할 것을 요청하는 책이다. 단언컨대 이 책을 한 번도 읽지 않는 사람은 있을지라도 이 책을 한 번만 읽는 사람은 없을 것이다.

이경춘 한국해외선교회 사무국장

멀쩡한 이름을 '권성찰'로 바꿔 부르는 후배들까지 생겼다는 '성찰쟁이'. 그가 입으로 하던 말을 주워 글에 담고 책으로 펴냈다. 뭐랄까. '성찰의 성찬(聖餐)'이랄까. 맛깔스런 '성찬의 성찰'이다. 재밌다. 그런데 쿡 찔린다. 청양고추 얼얼한 맛 한 술로 속을 훑는 게 아니다. 고추냉이처럼 알싸한 맛이어서 속이 뻥 뚫린다. 맛있다.

맛있는 밥상은 아무나 차릴 수 있는 게 아니다. 맛은 손끝에서 나오는 법. 손맛은 흉내 낼 수 없다. '그 사람'이어서

'그 맛'이 나온다. 그래서 믿고 먹어도 되는 맛이다. 첫맛은 괜찮다가 끝맛이 아쉬운 밥상이 아니다. 오래 앉아 있어 보니, 이 집 밥상에 더 깊은 맛이 난다. 여운이 길고, 알고 보면 묵직한 맛이다. 든든하다.

식재료가 다양하다. 영화관이나 텔레비전 드라마에서 장을 본다. 소설을 뒤적이다가 그림에 눈을 돌리더니 어느새 '건축학개론' 수강생으로 앉아 있는데, 그게 다 장바구니로 들어갈 식재료가 된다. 뭘 하나 보고 들어도 다 '성찰 밥상' 생각뿐인 모양이다. 재료 다루는 솜씨가 보통이 아니어서, 구경만 해도 침이 고인다. 흥미롭다.

이 밥상엔 '사람 맛'이 난다. "추운 겨울 어느 날 … 누가 먼저랄 것 없이 밥뚜껑 위에 … 공손히 손부터 올려놓았다"는 '뒷것'들의 맛이다. 오래전 예수께서 차려낸 밥상 맛 같다. 본디 맛은 말로 다 설명하기 어렵다. 맛을 봐야 맛을 안다. 그게 어떤 맛인지, 직접 맛볼 차례다. 아, 이 책엔 수유동 어느 '맛집' 소개도 있다. 은근히 실용적이다.

이창순 서부침례교회 목사

가끔씩, 언뜻, 수면 위로 올라올 때가 있긴 했다. 하지만 어느 사이 어디론가 묻혀들어, 찾을 길을 잃어버리곤 했다. '잃어버리지 말았어야만 했던' 복된 생각들이다. 내 안에 늘 머물게 하여, 곱씹어 대화를 나누었어야만 하는 것들이었으나 터를 잡기엔 너무 분주하였거나 얕았다.

어느 날 … 집요하게 추구한 게 아닌 시간, 불현듯 나를 찾아온 시간에, 한 책을 소개하는 표지글에서, 우연히 손에 잡힌 잡지의 한 대목에서 … 그 생각들을 다시 길어 오르는 도르레를, 물바가지를 만날 때가 있다.

그런데 이번에는 우물을 만났다. 이제 나는 『핵두변주』를 통해 물바가지를 제법 부지런히 움직여도 금새 바닥나지 않을, 우물 곁에 앉게 되었다. 끌어올린 생각들을 곱씹어 소화시킬 만한 시간들을 여유 있게 누릴 수 있게 된 거다. 그리하여 마땅히, 진즉, 더 깊어졌어야 했던 생각의 지경이, 옳아서 자유롭고 옳아서 아름다울 수 있는 방향으로 한 발자국 나아가는 기분을 느낀다.

나와 너에 대하여 마땅히 그렇게 생각했어야 했던 것들을 다시 찾아 담는 기쁨, '나'에게 더 일치해 가야 하는 나를 다시 만나는 기쁨, '너'를 나에게 일치시키려고 했던 시간들에 대한 섬뜩하고 안타깝고 다행스러운 발견의 기쁨, 너를 너로 받아 너가 너가 되는 것을 보는 기쁨, 나와 너 사이를 자연스럽게 오가야 했던 사람 되신 크신 하나님 이야기를 위해 그분의 손을 다시 꼭 잡는 기쁨, 크고 아름다우신 하나님 앞에서 주머니 속에 꿈쳐두었던 나만의 초라한 카드들을 가만히 버리는 기쁨 등을 누리는 거다.

그리고 이제 무엇보다, 빈자리 없어 복잡했던 마음의 거리 어디엔가, 이 소중한 생각들이 자기들의 고유한 주소를 얻어 자리를 잡는 걸 보는 기쁨을 맛본다. 이제 나는, 어느 사이 어디론가 묻혀들어 길을 잃곤 했던 '잃어버리지 말았어야만 했던' 복된 생각들을, 언제든 찾아갈 수 있게 된 거다. 교만한 게으름을 잘 피할 수 있다면, 언제든 찾아가 하소연을 쏟아내며 대화를 이어갈 수 있게 된 거다.

이 작고 단단한 책이 나에게 핵두변주의 도르레와 물바가지와 우물을 선사해 주었다.

정갑신 예수향남교회 목사

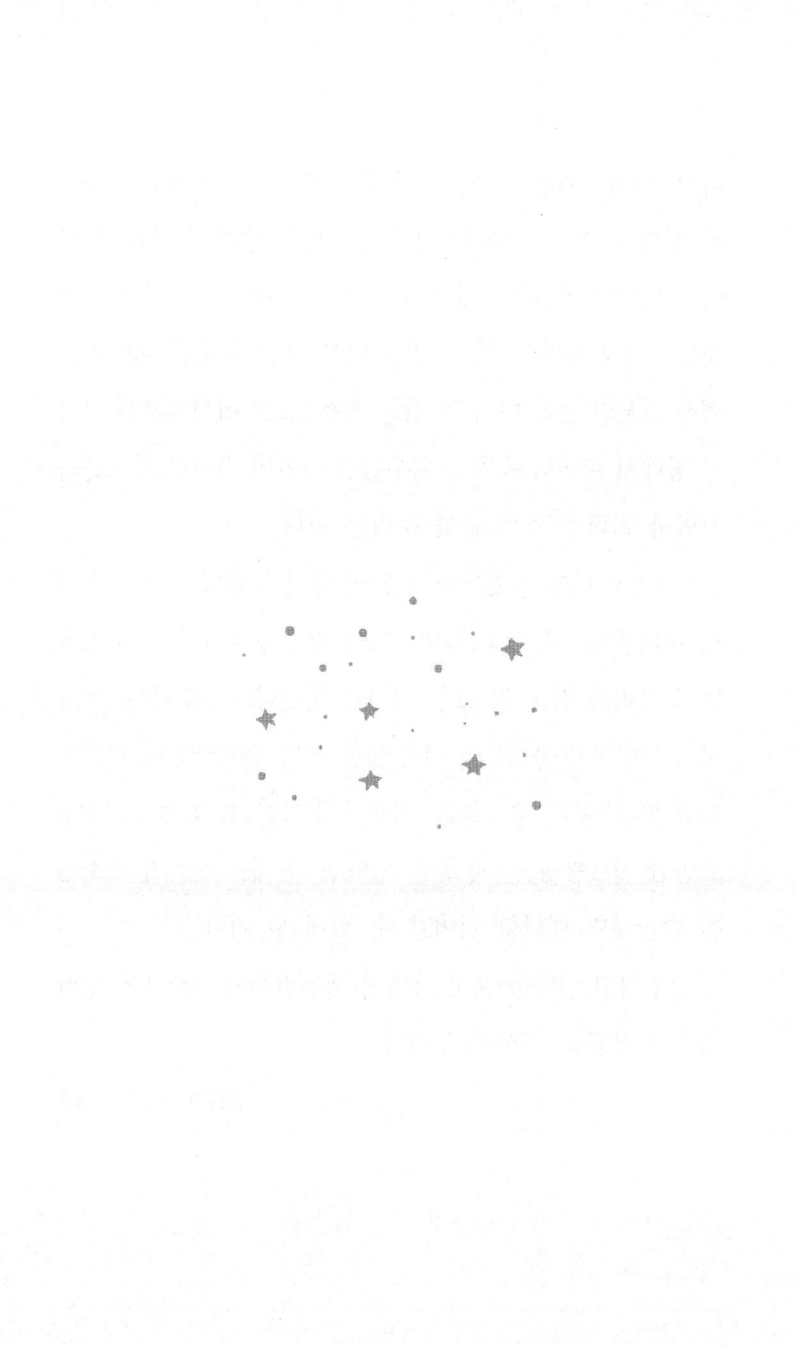

성찰을 시작하며

 티벳 문화권인 인도의 '라다크'에서 언어학자로 연구하던 헬레나 박사는 라다크 문화에 대한 책을 쓰면서 오래 묵은 전통 속에서 역설적으로 미래에 대한 실마리를 찾을 수 있다는 의미에서 책의 제목을 『오래된 미래』(Ancient Futures)라고 붙였다. 비슷한 관점에서 우리에게 알려진 아메리카 인디언들의 생각과 문화도 과거를 묵상하는 것의 중요성을 말해준다.

하나는 인디언들이 생각하는 과거와 미래의 관계이다. 과거는 뒤에 있고 미래가 앞에 있다고 생각하는 우리와 달리 그들은 과거가 자신의 앞에 있고 아직 오지 않은 미래는 뒤에 있다고 여긴다. 따라서 앞에 있는 과거에서 잘 배워 뒤에 오는 미래를 준비한다.

또 하나는 말을 타는 인디언의 이야기다. 빨리 달리다가 어느 시점에서 멈추고 뒤를 보는데 그 이유는 말을 타고 몸은 빨리 왔지만, 미처 영혼이 오지 못했다고 여겨 잠시 영혼을 기다리는 시간이라고 한다. 실행을 중시하느라 '영혼 없는 성장'을 거듭해 온 우리에게 이런 멈춤의 시간이 필요함을 일깨우는 이야기다.

모든 분야가 그렇지만 90년대와 2000년대에 소위 '가는 선교'에 집중하여 실행 중심의 선교를 강조해 온 한국 교회의 선교는 '성찰'이 절실하게 필요하다. 영어 'reflection'이라는 단어는 우리말로 성찰 혹은 반추라고 번역할 수 있는데, 사역을 늘 반추해 보아야 한다는 의미에서 한동안 선교사를 반추하는 실천가(reflective practitioner)라고 부르기도 했다. 나는 성찰이라는 해석을 선호한다.

선교학자 보쉬는 그의 유명한 책 『변화하는 선교』에서 '선교학적 성찰은 기독교 선교에서 필수적인 요소'라고 했다.1 여기서 '필수적'이라고 번역된 'vital'은 '생명 유지에 필수적인'이라는 뜻을 가지고 있으니 '선교학적 성찰이 없는 기독교 선교란 죽은 것과 마찬가지'라는 의미로 해석할 수 있다.

생각해 보면 나의 선교 여정에도 의도했든 의도하지 않았든 선교학적 성찰이 늘 여정에 수반되었다.

내가 생각하는 성찰은 한 마디로 깊이 살피는 것을 말한다. 성경에서 찾는다면 베뢰아 사람들이 바울이 전한 것을 듣고 '이것이 그러한가 하여 날마다 성경을 상고'(행 17:11)했다고 할 때 그 '상고'라는 말이다.

성찰에 가장 반대되는 것은 누군가 전해주는 것을 옳든 그르든 상관없이 답으로 고정하여 받는 것이다. 설령 옳은 것이라도 자신이 스스로 살피는 것의 자극점 혹은 시작이 되어야 하고 그른 것이라면 더욱 그래야 한다. 스스로 살피는 것이 처음에는 서툴더라도 지속해야 한다.

그것은 자신을 위해서도 중요하고 다른 사람을 섬기는

선교적 삶에서는 더욱 중요하다. 남에게 답을 주기보다 스스로 살피는 힘을 갖도록 도와야 하기 때문이다. 바울이 상고하는 베뢰아 사람들에게 '지금 내 말 못 믿는거야?'라고 짜증내지는 않았을 것이다.

지금 돌이켜 보면 선교에 헌신했을 때 나 스스로도 누군가로부터 전해 받은 것을 답으로 여겼고 동시에 누군가에게 답을 주어야 한다고 생각했던 것 같다. 하지만 선교 현장에서 마주친 여러 상황에서 나 스스로 살펴야만 했기에 성찰의 여정이 시작되었다.

따라서 여기에서 말하는 성찰은 단순한 살핌이 아니라 '선교학적 성찰'이다. 주어진 문제들을 선교학적 관점으로 살피고 묵상하는 것이다. 그렇게 하기 위해서는 건강한 선교학을 지속적으로 습득해야 하는데, 혼자서는 한계가 있기에 주변의 도움이 필요하다.

개인적으로 경험한 그 살핌의 여정은 몇 가지 요소를 가지고 있다. 이것을 선교학적 성찰의 요소라고 말할 수 있겠다.

그 여정은 가장 먼저 상황에서 시작되었다. 상황이란 내가 기대하지 않았던 선교적 상황을 말한다. 나름의 계획을 가지고 현지로 갔는데 계획과는 무관한 여러 가지 당황스러운 상황을 만나면서 "이건 뭐지?"라는 의문과 함께 강제로 생각을 해야만 했다.

그런 상황은 개인마다 다를 수 있기 때문에 상황을 통해 진행되는 개인적인 선교 여정이 또 하나의 요소라고 할 수 있다. 내가 처한 상황을 이해하려고 하나님과 씨름하는 개인의 순례 여정을 지속하게 되었기 때문이다.

거기에 더해 세 번째 요소는 공동체였다. 나는 이미 다양한 공동체에 속해 있었지만 여기서는 특별히 선교가 무엇인지를 함께 생각하는 학습 공동체(learning community)를 말한다.

나의 경우, 속해 있던 선교 기관의 리더십들이 이런 배움의 장을 다양한 모임을 통해 열어 주었고 생각을 자극하고 이끌어 줄 여러 학자들을 초대하여 배움의 기회를 주었다. 그 공간에서 함께 배우고 생각하며 그동안 이해할 수 없었던 일들 혹은 어떻게 해야 할지 모르던 것들에 대해 실마리를 풀어 갈 수 있었다.

이렇게 상황과 순례 여정과 배움의 공동체는 결국 하나의 핵심 요소로 이어졌는데 그것은 곧 하나님의 말씀인 성경이었다. 말하자면 이러한 성찰의 결과로 성경을 새로운 시각으로 읽게 되었다는 것이고, 꼭 요즘 많이 회자되는 '성경의 선교적 읽기'라는 용어를 사용하지 않더라도 성경을 좀더 넓은 맥락과 하나님께서 진행해 나가시는 방향 속에서 읽게 되었다고 말할 수 있다.

그러한 시각이 생겨날수록 주변의 일상에서 일어나는 일들도 선교적 묵상을 하는 재료들이 되었다. 매달 초 선교사님들에게 보내는 편지 형식으로 '품에서'라는 선교 칼럼을 써 왔는데 그중 몇 개를 재료로 하여 무언가 막막한 상황에 놓인 선교사님들, 그리고 선교적 삶을 살아가려고 헌신하는 성도님들에게 선교적 성찰 여정의 한 이정표로서 이 글을 나누고자 한다.

이 책에서는 선교적 성찰을 크게 네 개의 영역으로 구분했다. 선교적 존재, 선교적 방향, 선교적 태도, 그리고 오늘날 알려진 몇 개의 선교 개념에 대한 고찰이다. 각각에 대해서는 각 장을 시작할 때 그 제목의 의미와 나의 생각을 적어

두었고 각 장의 마지막에는 왜 그런 생각을 하게 되었는지 간단하게 언급했으니 참고하기 바란다. 이 책이 어떤 답이 될 수도 없지만 절대로 누군가에게 답이 되지 않고 묵상을 자극하게 되길 간절히 바라면서 글을 시작한다.

시작에 앞서 출간에 도움을 준 분들에게 감사를 전한다. 추천사를 써 주신 구에스더 선교사님, 김재완 전도사님, 이경춘 선교사님, 이창순 목사님, 정갑신 목사님께 깊이 감사를 드린다. 추천사가 책보다 더 재미있다.

그림을 그려 준 배주영 선교사님, 그리고 책의 출판을 담당해 준 홍현철 원장님과 크림(KRIM)의 모든 식구들에게도 감사를 드린다.

늘 묵묵히 선교의 여정을 함께해 준 아내의 고마움에는 차라리 입을 다문다.

1
선교적 존재

시간이 갈수록 존재의 중요성이 더욱 크게 다가온다. '그 사람이기에 가능했구나'라는 생각을 지울 수가 없다. 존재란 흉내 내기 어려운 것이기 때문이다. 다른 것이야 노력해서 배우면 되지만 존재에 관한 것은 노력해서 되기 어렵다는 생각이 든다.

　『노력의 배신』을 쓴 김영훈 교수에 의하면 노력도 재능과 소질이 있는 사람이 더 하게 되는 것이지, 그렇지 않은데 무조건 노력해서 되는 것은 아니라고 한다. 그 말이 사실이라면 존재의 중요성을 크게 느끼면 느낄수록 좌절감이 생긴다. '어차피 안 되는 걸'이라는 좌절감 말이다.

그렇다고 이 중요한 문제를 그냥 손 놓고 있을 수는 없는 노릇이다. 존재의 성숙도가 높은 분들을 가까이하고 더욱 존재에 대한 성찰에 시간을 많이 쏟는 수밖에 없다. 그리고 주님의 긍휼을 의지할 수밖에 없다.

어느 노 주교님의 인터뷰를 읽은 적이 있다. "성공적인 삶을 사셨다고 생각하시나요?" 라고 물었더니 "성공? 아이고, 주님께서 용서해 주시기만을 구해야지. 성공은 무슨"이라고 했다. 나를 낮추는 것 외에 다른 방법이 없어 보인다.

샤스탕 - 그가 건너던 냇가에서

아프가니스탄에 있을 때 가뭄이 심하면 전에 사용하다 막혀버린 수원지를 다시 파는 것을 지켜본 적이 있다. 본질에 대한 갈증이 심한 요즈음 비록 작은 수원지라도 찾아내어 막힌 흙을 걷어내고 몇 방울 안 되는 물줄기라도 터 주어야 언젠가 그것들이 모이고 모여 후에 강이 되고 바다를 이루리라 기대해 본다. 그래서 첫 서양 순교자 중 한 사람인 샤스탕 선교사의 이야기로 거슬러 올라가 몇 방울의 물줄기를 흘려 보고자 한다.

* * *

우리나라에 아직 천주교와 개신교 구분이 없을 때 선교사로 들어온 첫 서양 선교사는 프랑스 선교사였다. 샤스탕은 한강 백사장인 새남터에서 순교를 당한 첫 서양 선교사 세 명 중 한 사람이다.

조선에 이벽을 비롯한 유학자들을 중심으로 복음 공동체가 생기고 서양 교회에 알려지면서 당시 조선 선교에 헌신한 선교회는 프랑스 해외선교회(파리 외방 전교회)였다. 물론 그 직전에 이웃 나라인 중국에서 주문모 선교사가 먼저 왔다.

유럽에서 멀리 오느라 시간이 한참 걸린 프랑스 선교사들은 조금 늦게 조선에 들어오게 되고 모방 선교사, 샤스탕 선교사 그리고 앵베르 선교사까지 세 명의 프랑스 선교사가 1836년과 1837년에 걸쳐 조선에 입국하여 활동하게 된다.

당시 서양 종교인 기독교를 믿는 것이 금지되어 있는 터라 눈에 금방 띄게 되는 이 서양 선교사들은 상을 당한 것같이 상복을 입고 당시 상주가 얼굴을 가리고 다니는 문화를 이용하여 얼굴을 가리고 다녔다고 하니 오늘날 소위 창의적

인 접근지역에서 선교 사역하는 것과는 비교하기 어려울 만큼 힘든 사역이었을 것이라 생각한다.[1]

그럼에도 불구하고 이들은 결국 잡혀서 1839년 9월에 새남터에서 참수되었다. 1803년 10월생인 샤스탕은 만 36세를 1개월 앞두고 순교한 것이다. 사실 앵베르 선교사가 당시 주교로서 젊은 두 선교사(모방과 샤스탕)를 아끼는 마음에 중국으로 피신하라 하였으나 그들은 성도를 두고 피신할 수 없다고 했다. 할 수 없이 앵베르 주교는 그들에게 잠시 서해안쪽에 몸을 숨기라 하고 자신만 잡혀 들어갔다고 한다.

그런데 이미 밀고를 받아 세 명의 선교사가 활동하고 있음을 안 관리들이 자꾸 앵베르 주교의 눈앞에서 조선 성도들을 참수하며 남은 두 선교사의 은신처를 대라고 하니 조선 성도의 희생을 차마 볼 수 없었던 앵베르 주교가 두 선교사에게 편지를 넣어 자수를 권하고 결국 모방과 샤스탕 선교사도 잡혀 들어와 함께 참수당하게 되었다.

샤스탕은 프랑스 동남부에 있는 작은 마을 마르쿠(Marcoux)가 고향인데 1826년 성탄절에 23살의 나이로 마르쿠 마을의 성당에서 첫 예배를 인도하게 되니 고향의 부모가 무척 자랑스러워했을 것이다. 그런데 며칠 지나 새해가 되자 선교사로 자신을 드렸다며 어머니에게 작별을 고하니 그 어머니가 받아들이기 힘들었다. 절대 허락할 수 없다고 아무리 말려도 듣지 않는 아들이 집을 떠나 집 앞 냇가로 향하자 마음이 다급해진 어머니가 그 뒤를 따라갔고 냇가를 다 건넌 20대의 샤스탕이 뒤를 돌아보자 냇가 건너편 자갈밭에 어머니가 쓰러져 있었다고 한다. 샤스탕은 할 수 없이 다시 건너가 어머니를 부축하여 일으켜 세우고 모시지 못하는 불효에 용서를 구하고 다시 냇가를 건너 선교사의 길을 갔다고 전해진다.

선교사의 여정이 오래 걸렸고 중국을 거쳐 결국 1836년 말에 조선에 밀입국하여 최선을 다해 복음을 전했다. 그 당시 조선의 상황에서 복음을 전한다는 것이 어떤 일이었는지 상상하기 어렵다.

자수 전날 고향에 계신 부모님께 편지를 적어 부쳤다고 한다. 전에 프랑스를 방문했던 길에 시간을 내어 샤스탕의 고향 집을 방문하였다. 어머니를 뒤로하고 샤스탕이 건넜던 그 냇가를 꼭 가 보고 싶었다. 마침 지인의 도움으로 그 고향

집의 후손까지 만날 수 있었다. 그 후손은 그 마지막 편지의 사본을 액자에 담아 보관하고 있었다. 편지 말미에 샤스탕은 이렇게 적었다. "제 영혼은 주님을 향해 있습니다."

나는 그 집을 나서 아직도 흐르고 있는 그 냇가에 들어가 한참을 서 있었다. 20대 나이에 어머니를 뒤에 두고 부르신 소명을 따라 길 떠나는 그 마음을 묵상하고 싶었다. 아직 성숙하진 못했을지 몰라도 불순물은 별로 없었을 그 젊은 헌신을 기억하고 싶었다. 그리고 어느 날 조그만 지하 예배실에서 눈물 흘리며 헌신했던 나의 20대를 다시 기억하고 싶었다.

* * *

복음은 우리에게 그렇게 몇 방울의 물로 그리고 피로 흘러 흘러 들어왔다. 우리는 늘 소위 '첫사랑'이라고 성경에 표현된 우리의 발원지를 기억할 수 있어야 한다. 그리고 샤스탕처럼 어떤 순간에도 늘 주님을 향해 있어야 한다. 선교적 존재로 성숙한다는 것은 첫사랑을 기억하고 동시에 우리가 가야 할 목적지인 주님을 향해 있을 때 아주 조금씩 이루어 진다고 믿는다.

흑산 사람 '창대'

　　<자산어보>라는 영화를 보았다. 흑산도로 유배 갔던 정약용의 둘째 형 정약전을 다룬 영화다. 좀 더 정확히는 약전과 그가 흑산도에서 만난 창대의 이야기이다. 창대는 흑산의 어민으로 약전이 흑산 근해의 어류를 정리한 책인 『자산어보』를 완성하는 데 결정적인 도움을 준 섬 소년이다.

　　영화 이야기 속에서 나는 기존의 체제를 개선하려는 의지와 체제를 넘어서는 더 큰 생각 사이의 대비가 보였다. 막연하게 형 약전의 『자산어보』가 동생 약용의 『목민심서』보

다 결코 작지 않다는 생각을 하게 되었다. 굳이 신앙으로 비교하자면 현재 우리가 믿고 살아가는 신앙생활을 조금 더 개선하고 건강하게 하자라고 주장하는 것과 지금은 그 정도의 개선으로 안 되며 대안을 모색해야 하고 개혁을 해야 한다고 주장하는 것의 차이라고 하겠다. 생각할 것이 많은 주제들이다.

정씨 형제들은 4형제이다. 배다른 형제이긴 하나 맏형인 약현, 믿음으로 인해 조선 성도 중 가장 먼저 1801년 신유박해 때 순교한 셋째 약종, 그리고 『목민심서』 등으로 우리에게 익숙한 막내 약용이 있다.

이들에 비해 상대적으로 덜 알려졌던 둘째 약전을 이렇게 생생히 살려낸 것만으로도 이준익 감독은 <동주>, <박열>에 이어 또다시 역사 속의 사람을 우리 앞에 살려내었다.

전에 영화 <박열>을 보며 일본에서 독립활동을 하고 22년 2개월을 감옥에서 생활한 분의 이름을 처음 알게 되어 '왜 나는 이런 사람을 모르고 있었지?'라고 반성하던 때가 생각났고 나름 정약용 일가에 관심을 가지고 지내 온 나로서는 '뒤통수'를 제대로 맞은 기분이었다.

강진에 유배된 약용이 『목민심서』를 비롯하여 여러 대단한 책을 저술할 동안 흑산에 유배되어 어류도감이나(?) 만들고 있었던 약전은 마치 산족 지역에서 교회를 50개 넘게 개척하는 선교사와 어느 척박한 골짜기에서 별 성과 없이 동네 사람들과 그저 함께 살고 있는 선교사를 비교하는 것 같았다. 혹은 대형교회 부교역자를 거쳐 또 다른 큰 교회 담임으로 간 목회자와 지방 도시 재개발 지구 안에서 인문 서점을 열고 지역 주민과 소통하는 어떤 초라한 전도사를 비교하는 것이라고도 할 수 있겠다.

둘 다 필요한 일이지만 약전을 보며 '형 만한 아우 없다'고 한 정조대왕의 말이나 자신의 『목민심서』 초벌을 형에게 보낸 약용의 태도를 통해 정약전의 '물고기'가 정약용의 '목민'보다 가볍지 않고 마을 사람들과 함께 사는 것이 '교회개척'보다 넓고 깊을 수 있겠다는 생각을 해 보았다.

영화가 보여 준 약전과 창대의 관계를 선교사와 현지인의 관계로 비교해 볼 수 있다. 흑산에 유배를 간 약전은 선교사와 같은 외부인이고 흑산 사람 창대는 내부인 혹은 현지인이라고 할 수 있겠다. 창대의 경험과 약전의 지식이 만나 이루어진 어류도감 『자산어보』는 창대 없이 약전 없고, 약전 없이 창대 없음을 확인해 준다.

둘 사이에 갈등이 없지 않으나 자신의 생각과 다른 창대를 끝내 막지 않는 약전에게서 집 나가려는 아들을 막지 않은 아버지의 마음이 보인다. 창대는 마치 약전의 동생 약용처럼 기존의 체제 안에서 무언가를 이루어 보고자 하는 열망 때문에 고향을 떠나 관리가 되지만 부패한 체제에 염증을 느끼고 다시 흑산으로 돌아온다.

돌아온 창대에게서는 돌아온 아들이 스스로 성찰하는 힘을 가지게 될 수 있다는 희망을 보았다. 진리를 깊이 이해하는 선교사도 필요하고 자신의 일상을 성찰의 시각으로 볼 줄 아는 현지인도 필요하다.

한 가지 아쉬운 점은 영화가 약전과 창대의 관계를 다소 수직적인 관계로 그렸다는 것이다. 마치 여러 선교지의 선교사가 현지인을 그렇게 대하듯이 말이다. 반상의 구별이 뚜렷했던 시대라 그렇게 그린 것으로 보인다.

하지만 약전은 『자산어보』 서문에 창대의 호인 덕순을 넣어 덕순 창대라 불렀는데 그를 천민으로 보았다면 호를 넣어 부를 까닭이 없기에 그들의 관계가 평등했음을 보여주는 증거라는 평가가 있다. 약전이 평상시 가졌던 생각에 근거한다면 평등이 더 맞을 것 같다.

* * *

맏형인 약현의 딸이 정난주(정마리아)다. 약전과 약용에게는 조카인 셈이다. 황사영의 아내였던 정난주가 남편의 백서사건으로 인해 집안이 풍비박산되고 관의 노비가 되어 제주 대정으로 유배를 갔다. 그런데 관노가 되어서도 마을 사람들을 얼마나 사랑했던지 사람들이 '서울 할머니'라 부르며 묘를 쓸 수 없는 관노의 신분임에도 불구하고 마을 사람들이 묘를 만들어 주었다고 한다. 말하자면 당시 정씨 일가가 가진 기독교적 정신은 초대교회가 보여준 '그리스도 안에서 차별 없이 하나됨'을 실천한 것이라 믿고 싶다.

그렇게 선교사와 현지인이 그리스도 안에서 평등, 더 나아가 서로 섬김의 관계가 될 때 세상은 복음을 주목하게 될 것이다. 존재가 곧 선교이고 존재가 곧 신학이라는 생각이

든다. 존재의 성숙이란 세상이 쥐어 주는 지위나 자리를 누리기보다 그리스도 안에서 늘 자신을 낮추고 남을 나보다 낮게 여기는 것에서 시작한다. 바짝 엎드려야 하겠다.

삼류 배우

밴후저 교수가 쓴 『이해를 이야기하는 믿음』(Faith Speaking Understanding)으로 북클럽을 한 적이 있다. 밴후저의 주장은 '성경이 상연용'이라는 것이다. 성경을 조직신학의 관점에서 보면 그 나름의 유익이 있고, 요즘 유행하는 내러티브, 즉 이야기 관점에서 보면 또 그 나름의 유익이 있다. 하지만 성경은 '희곡'적인 성격을 가지고 있다는 말이다. 즉, 무대 상연을 전제로 한 글이라는 것이다.

* * *

아주 오래전 가족이 함께 본 연극 중에 <삼류 배우>라는 연극이 있다. 이 연극도 실제 희곡 대본은 63쪽 정도의 적은 분량이기 때문에 그냥 글로만 읽으면 그리 재미있지 않기에 만일 상연용 희곡이 아니라 소설로 쓰려면 더 많은 분량이 필요하다. 그리고 보면 사도 요한의 말대로 예수님의 모든 것을 낱낱이 기록한 책을 쓴다면 세상조차도 공간이 부족하다 했으니 우리에게 주신 얇은(?) 성경은 상연용 희곡이 맞다고 생각된다. 연극의 줄거리는 다음과 같다.

주인공 '영진'은 30년 동안 단역만 맡아 온 소위 삼류 배우다. 그래도 꿈을 포기하진 않았는데 꿈이란 언젠가 햄릿 역을 해 보는 것이다. 간절한 소망에 하늘도 감동했는지 어느 날 극단에서 다음 작품으로 <햄릿>을 하겠다고 정하는 바람에 영진에게 기회가 온다.

햄릿 역을 해보는 것이 평생의 꿈이라는 사실을 극단의 모든 선후배들이 알고 있었기에 영진에게 기회를 주자고 모두가 추천하여 분위기가 무르익었다. 영진은 이미 햄릿의 대사만이 아니라 <햄릿>에 나오는 모든 역할의 대사를 줄줄 외우고 있었다. 30년을 혼자 연습했으니 거기 나오는 어떤 역할도 할 수 있게 준비가 되었다.

그런데 암초를 만난다. 가족에게 이미 햄릿 역을 할 것 같다고 분위기를 띄워 놓았는데 그 연극의 제작자가 영진이 햄릿 역을 맡는 것에 대해 반대하고 나섰다. 그렇게 무명 배우에게 주인공 역을 맡기면 소위 '흥행'이 되지 않는다는 이유로 말이다.

'흥행', 우리는 이 단어를 늘 주목해야 할 듯싶다. 그것이 늘 우리의 가치를 망가뜨린다. 제작자는 영진 대신 영진과 함께 연극을 시작한 친구이자 소위 연극계에서는 배신자로 불리는 TV 스타 '성일'을 주인공으로 발탁한다. 물론 영진은 또 단역을 맡게 된다.

하지만 인생에 반전이 있듯이 영진에게 기회가 온다. 햄릿 공연이 계속되던 어느 날 성일이 중요한 TV 프로그램과 일정이 겹쳐 공연 한번을 대신해야 하는 상황이 온 것이다. 딱 한 번. 물론 자존심이 있는 영진은 선뜻 나서지 않는다. 그런데 영진을 반대했던 그 제작자가 영진에게 사정사정한다. 갑자기 하루만 대역할 사람을 찾을 수 없다고, 대사를 이미 외우고 있는 당신밖에 없다고…

그래서 영진은 수락을 한다. 대신 조건을 건다. 조건은 그동안 단역으로 살아온 자신을 대신하여 미용실을 운영하며 가족의 생계를 책임진 아내, 그리고 이런 단역 아빠를 늘 자랑스러워하며 위로해 준 막내 진호, 그리고 사춘기라 다소 냉소적이고 까칠한 딸 진경, 이 세 사람을 위해 소위 '로열석'에 자리를 마련하라는 조건이었다.

아빠가 햄릿을 맡을 줄 알고 좋아하다가 갑자기 배역을 맡지 않게 되었다고 하여 실망한 가족에게 그나마 한번의 공연이라도 보여주고 싶었기 때문이다.

영진은 떨렸다. 물론 대사는 이미 다 외우고 있지만 그래도 엄청 떨렸다. 무대 뒤 대기실에서 분장과 의상을 다 갖추고 이제 곧 무대로 나가기 직전 마지막 중요한 대사를 다시 한번 연습한다. 단 한 번의 공연이, 로열석에 있는 가족을 두고 곧 펼쳐질 예정이다

그런데 그때, 방송국이 일정을 배려해 주었다고 하면서 원래 햄릿인 성일이 나타났다. 5분을 앞두고 말이다. 당시 아직 어렸던 우리 두 아들을 포함하여 모든 관객이 '에이 씨' 하며 진심 그 연극에 몰입했던 기억이 난다.

결국 햄릿 공연은 그렇게 끝이 나고 배우들은 모두 식당으로 간다. 분장실에 남아 분장을 닦는 건지 눈물을 닦는 건지 모르게 애처로이 남아 있던 영진에게 기다리던 가족들이 준비한 꽃다발을 들고 분장실로 들어온다. 딸 진경은 이미 얼굴에 실망과 분노가 가득했다. 분위기를 만회해 보려고 오랜만에 고기를 먹자고 제안해도 딸은 그냥 집에 가겠다고 우긴다.

그때 막내 진호가 아빠의 햄릿을 보고 싶다고 제안한다. 잠시 망설인 끝에 영진은 결심하고 무대 한편에 세 식구를 앉히고 오직 세 명을 위해 모노드라마 햄릿을 시작한다. 햄릿, 오필리어 등등 1인 다역으로 술술 막힘없이 모노드라마를 해 나간다. 이때 우리 식구를 비롯한 관객들의 열렬한 박수가 터졌다.

영진은 딸 진경에게 말한다. 세상에 일류 배우, 삼류 배우가 따로 있는 것이 아니다. 자신의 역할에 최선을 다하면 그것이 무슨 역할이든지 일류 배우이고 그렇지 않다면 역할에 관계없이 삼류이다. 아마 이것이 그 연극의 메시지였던 것으로 기억한다.

* * *

　밴후저의 책을 잡으면서 오래전에 보았던 이 연극을 조금 다른 각도에서 생각해 보았다.

　성경이 희곡의 성격을 가지고 있고 하나님의 백성들이 즉, 예수 그리스도의 제자들이 세상에서 진심 그 내용을 이해하고 상연 혹은 구현해야 하는 것이라면 모든 성도는 자신이 동의하든 안 하든 모두 세상이라는 무대에 올려진 배우들이다. 역할의 크기에 관계없이 말이다.

　그러니 자신을 청중 혹은 관객이라고 생각한다면 그건 말도 안 된다. 하나님의 백성 그 누구도 역할이 없는 관객이 아니라 모두 역할을 갖고 무대에 올려진 배우이기 때문이다.

　아무런 역할이 없다는 생각은 심지어 삼류 배우도 못되는 셈이다. 자신을 세상이라는 무대에 올려진 배우로 인식하는 성도야말로, 그리고 역할의 크기와 상관없이 최선을 다하는 소위 '선교적' 상연 성도야말로 일류이다.

　존재의 성숙은 자신이 어떤 존재인가를 깨닫고 인식하는 데서 출발한다고 믿는다. 우리는 세상이라는 무대에 올려진 배우들이고 희곡은 이미 나와 있다. 그리고 그것을 어떻게 표현할지는 무대 위에 서 있는 우리에게 달려 있다.

작가이자 연출이신 하나님의 의도를 이해할수록 바르게 표현할 수 있을 뿐이다.

아버지의 후회

영국 공항에서 겪은 일이다. 출장을 오랜만에 가서 그런지 안 하던 실수를 했다. 런던 히드로 공항에 도착하자마자 메고 간 배낭을 잃어버리고 말았다. 한 마리 양이나 드라크마 하나보다 훨씬 큰 걸 잃은 셈이다.

컴퓨터는 물론 외장 하드디스크, 그리고 싸 짊어지고 다니는 개인적인 모든 것과 모든 자료를 잃었다. 다 날라간 셈이다. 일행을 기다리느라 잠시 배낭을 옆에 벗어 놓았는데 그걸 까맣게 잊고 공항 밖으로 나와서야 없는 걸 알았다.

다시 들어가 보려고 백방으로 노력했으나 허사였다. 결국 숙소에 도착해서 인터넷으로 공항 분실물 센터에 등록해 놓고 다음 날 멀리 떨어진 모임 장소로 갔다. 일주일의 회의 기간을 보내며 혹시 모를 소식을 기다렸다.

마침 모임을 주관한 사람의 남편이 영국 사람인데 이전에 중요한 직책에 있던 사람이라 나 대신 여기저기 전화를 걸고 이메일을 보내 알아봐 주었다. 하지만 끝내 그런 가방은 없다는 답을 들었다. 검은 배낭이라 어쩌면 폭발물로 의심되어 처리하는 곳으로 바로 가서 폐기되었을 수도 있다고 전해왔다.

* * *

배낭을 잃어버리니 "죄인 한 사람이 회개하면…"(눅 15:7, 10)으로 결론 내리는 성경의 이야기가 생각났다. 잃어버린 양과 드라크마와 아들의 비유를 다시 읽으며 갑자기 '누가 회개하는 걸까?'라는 생각이 들었다. '양이? 드라크마가? 내 배낭이?'

생각해 보니 후회는 나의 몫이었다. '왜 그걸 벗어 놓았을까?', '뭔 생각을 하느라 그걸 두고 나왔을까?' 등등 자책과 후회가 이어졌다.

인터넷도 잘 안 터지는 시골구석에서 진행된 6일간의 모임 기간 동안 비록 조급해하진 않았지만 생각이 많았다. 양과 드라크마와 아들의 입장이 아니라 잃어버린 입장, 즉 목자와 여인과 아버지의 입장이 될 수 있었다. '왜 그랬을까?', '왜 좀 더 주의를 기울이지 못했을까?'

그러다 아버지의 후회를 생각해 보았다. 아들에게 유산을 주지 말았어야 했을까? 지금도 어디선가 몸을 망가뜨리고 인생을 허비할 아들을 생각하느라 잠자리를 뒤척거리고 이윽고 대문을 기웃거리며 이런저런 생각을 하실 아버지의 후회를 생각했다.

자유를 주되 마지막 어둠으로 빠지기 전, 죄의 자리로 가기 직전까지만 허락했어야 했을까? 자신의 형상을 따라 우리를 만들며 온전한 자유의지를 주신 그 아버지의 후회를 생각해 보았다.

그러다 다시 이런 생각이 들었다. 돈을 내어주신 아버지에게 후회와 안타까움이 없지 않았겠지만, 그럼에도 불구하고 주신 까닭은 그 위험과는 비교할 수 없는 더 중요한 '무엇'을 바랐기 때문이 아닐까?

자유의지를 주신 하나님은 어둠과 죄인의 자리로 갈 수 있는 우리에게 그 위험과는 비교할 수 없는 무엇, '그 무엇'을 주시기 원하고 바라기에 자유를 허락하신 것이라 생각하게 되었다.

그리고 그 '무엇'을 우리가 온전히 알 수는 없지만 적어도 지금의 단계에서 '아버지와 아들의 깊은 관계, 사랑' 그리고 '아버지가 마련해 두신 영원한 생명' 등으로 생각이 되었다.

아들이 다시 그저 몸만 돌아왔다면, 우리가 그저 교회로만 왔다면 '그 무엇'을 바라시며 큰 희생을 치르신 아버지와 하나님은 괜한 일을 하신 셈이 아닐까? 그러니 성경의 그 아버지와 우리를 만드신 하나님은 바라시던 '그 무엇'을 기필코 얻으실 것이고 확신과 또한 실력이 있으시기에 그렇게 하셨다고 믿는다.

성경을 보니 그 아버지는 찾은 것으로 보인다. 아들이 돌아오는 데 그치지 않고 자기에게로 달려오신 아버지를, 자기를 안고 키스를 퍼부으시는 아버지를, 일꾼이 아니라 다시 아들로 맞아주시고 잔치를 베푸시는 아버지를, 그리고 그 이후 다시 함께 살며 매일 만나는 아버지를, 이전에 알던 그 아버지가 아니라 진작 알았어야 할 그 참 아버지로 새롭게 보게 되었을 테니 말이다.

이제 남은 건 우리다. 자신의 형상대로 만드시고 자유의지를 주신 그 목적대로 끝없는 진리를 향해, 끝없는 사랑의 관계를 향해 더 나아가야 할 우리가 남아 있다. 존재의 성숙은 아버지를 계속 알아가야 가능하다. 어느 날 홀로 문에 선 아들이 집 떠나던 자신의 뒷모습을 아버지의 자리에서 보다가 아버지의 마음이 가슴 속으로 들어와 깊은 눈물을 흘렸을 것이기 때문이다. 그렇게 시작된 존재의 성숙은 계속 아버지의 자리를 하나씩 밟아가면서 더욱 깊어질 것이다. 오늘 우리에게 아버지의 자리에 서서 아버지의 마음이 깊이 보일 수 있기를 소망한다.

* * *

추신: 모든 걸 포기하고 모임을 마치고 공항으로 올라오

는 차 안에서 연락을 받았다. 배낭을 찾았다고. 마감 시간 20분을 남기고 도착하여 사랑하는 배낭을, 내 소중한 그 자료들을 다시 만났다. 이제 하나님께 더욱 깊이 나아가는 일만 남았다.

노팅힐

　　<노팅힐>이라는 영화가 있다. 줄리아 로버츠 주연으로 영국 런던의 노팅힐 지역을 배경으로 하는 로맨틱 코미디 영화이다. 미국 여배우 안나(줄리아 로버츠)가 새로 개봉할 영화를 홍보하기 위해 영국에 왔다가 노팅힐 지역의 작은 책방 주인인 윌리엄(휴 그랜트)을 우연히 만나 이루어지는 사랑 이야기다.

　　아주 오래전에 이 영화를 재미있게 보고 그 후 영국에 갈 일이 생겨 영화 촬영 장소인 그 책방에 가서 사진을 찍기도 했다. 그 후로 영국에서 공부할 때 가끔 런던에 가면 그곳

을 방문하고, 노팅힐 거리의 길거리 시장과 주말에 펼쳐지는 벼룩시장, 그리고 각 나라 음식 등을 맛보곤 했다. 그 후에도 영국에 출장 가는 일이 있으면 시간을 내어 그곳을 방문하여 추억을 더듬곤 했다. 물론 <노팅힐> 영화도 몇 번을 더 보았다. 말하자면 <노팅힐>을 아주 좋아했다는 말이다.

그런데 어느 휴일에 우연히 한 채널에서 영화 <노팅힐>을 보여 주길래 이미 중간쯤 지났지만 워낙 좋아하기에 나머지 절반을 보게 되었다. 거기에 안나가 영국을 재방문하면서 자신의 뉴욕 집에 걸려있던 그림 하나를 윌리엄에게 자신의 잘못에 대한 사과와 사랑의 의미로 선물하는 장면이 있었다.

그것을 보다가 안나가 전해주는 그림을 보고 깜짝 놀랐다. 보자마자 "어, 저거 샤갈 그림이잖아!"라고 옆에 있던 아내와 함께 소리쳤다. 그렇게 <노팅힐>을 여러 번 보고 그곳을 그렇게 여러 번 방문하면서 좋아한다고 했는데 어찌 이 영화에 샤갈 그림이 나오는 걸 이제야 알게 되었지? 뒤통수를 한 대 맞는 기분이었다.

사연은 이렇다. 사실 샤갈의 이름은 알지만 그의 그림을 자세히 감상한 적은 없었다. 그런데 이 일이 있기 얼마 전

선교대회 참석차 남프랑스를 가게 되었고 샤갈의 무덤이 있는 쌩폴드방스와 그의 작품이 있는 니스의 샤갈 미술관을 방문하게 되었다.

미술관에서 유대인 샤갈이 그린 성경 이야기 작품들에 대한 설명도 듣고 예술가들의 마을인 쌩폴드방스에서는 함께 간 분이 샤갈 그림의 한정 복제품을 사게 되어 함께 이것저것 고르다 보니 샤갈의 그림이 어느 정도 눈에 익게 된 것이다. 그래서 <노팅힐> 영화를 보다가 거기 나온 그림을 보자 그것이 샤갈의 그림임을 단번에 알 수 있었다.

* * *

마침 휴일이라 넷플릭스로 들어가 <노팅힐>을 처음부터 자세히 보기 시작했다. 그랬더니 이미 윌리엄 집에 그 샤갈의 그림 포스터가 있었고 심지어 '샤갈을 좋아하냐'는 대화도 있었고 나중에 사과할 일이 있던 대스타 안나가 자기 집에 걸려 있던 같은 그림의 원본을 영국 재방문 때 가지고 와서 윌리엄에게 준다는 설정이었다.

그런데 그 중요한 설정이 이전에 영화를 볼 때는 하나도 안 보였던 것이다. 그리고 샤갈의 그림을 알게 된 후에야 그것이 너무나 분명히 보였다.

인터넷을 검색해 보니 심지어 <노팅힐>의 작가 리차드 커티스가 영화에 나오는 그 샤갈의 그림 "신부"를 좋아했다고 한다.

그러니 영화 속에 나오는 그 "신부"라는 그림은 영화 전체의 모티프가 되는 핵심적인 암시일 수 있는데 그만 내가 좋아하는 장면에 몰두하느라 그 중요한 부분이 나오는지도 눈치채지 못하고 영화를 여러 번 보았다는 사실이 다소 충격이었다. 누군가 말했듯이 '아는 만큼 보인다'는 말이 실감났다.

문득 이런 생각이 들었다. 이렇게 인생을 살면서 그리고 심지어 하나님의 뜻을 이루기 위해 선교사로 살면서 막상 세상을 창조하신 하나님의 모티프, 목적 등은 보이지 않고 세상에서 내가 보고 싶은 것, 내가 이루고 싶은 것에 천착하다가 진짜 보아야 할 많은 장면들은 놓치고 있는 것은 아닌지, 주변에 있는 사람에 대해서도 내가 보고 싶은 것만 보느라 그 사람의 진면목은 놓치고 있는 것은 아닌지 등등 여러 생각할 거리를 이 경험을 통해 갖게 되었다.

안다고 생각하던 것, 익숙한 것에 대해 시간을 내어 다시 찬찬히 살펴보아야겠다. 요즘 하는 말로 '뜨문 뜨문' 아는 것은 아닌지… 존재의 성숙이란 전체가 그리고 구석구석이 보이는 것이라 생각된다.

지금 보는 것이 전부라고 생각지 않고 계속해서 더 낮게 그리고 더 높게 볼 수 있는 시각을 길러야겠다.

뒷것

7-80년대에 한국의 젊은이로 살았던 사람들의 삶, 어느 자락에는 '김민기'라는 이름이 새겨져 있을 텐데 나도 그중 한 사람이다.

고등학교 때, 가을이 되면 문학의 밤이 열리는 동네 교회들을 다니며 김민기 선생이 지은 <오 주여! 이제는 여기에>를 여러 차례 불렀고, 대학시절 학교 앞 DJ가 있는 다방에 가서 <친구>라는 곡을 신청해 듣곤 했다. 잘 알려진 <아침 이슬>, <상록수>, <아름다운 사람> 등은 두말할 것도 없다.

김민기 선생이 <아침 이슬>을 만든 대학생 시절에 우리 동네라 할 수 있는 우이동에 살았다고 하고, 조용히 살아야 했던 군사 정권 시절에는 나도 언젠가 살고 싶어 자주 가는 연천에서 농사를 지었다고 하니 한 번도 만난 적은 없지만 이만하면 꽤 연이 있는 셈이다.

물론 이 정도의 연은 그 시대를 살았던 분들은 거의 이모저모로 가진 것이니 특별할 것은 없다. 그가 지금은 고인이 되었다.

* * *

신학교를 뜻하는 '세미나리'의 라틴어 '세미나리오'는 농업에서 '못자리'라는 뜻을 가지고 있다. 못자리는 볍씨를 뿌려서 벼의 싹인 '모'를 기르는 논이다. 거기서 길러진 모를 논에 옮겨 심어 우리가 먹는 '쌀'을 얻게 되는 것이다.

그러니 못자리는 중요할 수밖에 없고 그런 의미에서 오래전에 교회는 신학교를 그렇게 이름 붙이게 되었다고 생각한다.

연천에서 농사를 지었던 경험 때문이었는지 아니면 그 경험과 무관하게 그가 가진 삶의 가치가 늘 그러했기 때문인지 그는 대학로에 공연장을 시작하면서 이름을 '학전'(學田)이라고 붙였다. '배움의 못자리'라고 부르면 될까?

그리고 알려진 대로 수많은 배우들이 그리고 가수들이 학전을 통해 싹을 틔우고 좋은 벼로 자라 우리 사회에 좋은 '쌀'이 되었다.

많은 학전 출신의 배우들이 연기력을 인정받은 것이 당연하다는 생각이 든다.[2] 대학 때 연극반에 몸담았던 나는 연극을 업으로 삼았던 선배나 후배들이 당시 얼마나 경제적으로 어려운 생활을 했는지 조금은 안다.

그런데 학전에서는 배우들과 계약을 하고 공연 수익을 공정하게 나누어서 세금을 내고 계약된 대로 사례를 받았다니, 받은 금액과 상관없이 연극하는 사람들이 가졌을 '뿌듯함'이 공감된다. 사람을 사람으로 대우하는 가치가 만들어낸 하나의 결과라고 생각한다.

그가 무대에 서는 배우들을 '앞것'이라고 부르고 자신과 같이 무대 아래에 있는 사람들을 '뒷것'이라고 불렀다하여

TV에서 방영된 다큐 제목이 '뒷것 김민기'였다.

천성이 부끄러움을 많이 타서 관객이 있는 무대에서는 한번도 노래를 부르지 못했다는 사람.

야학하는 후배들이 달동네 어린이 집을 짓기 위해 돈이 필요하다 하여 부끄러움을 무릅쓰고 공연을 했던 사람.

'돈이 되는 것만 하다 보면 돈이 안되는 것을 못할 것 같다'고 하면서 <지하철 1호선> 공연을 중단하고 어린이를 위한 작품을 쓰고 공연했던 사람.

독재 정권 시절 독이 가득한 후배들에게 미워하지 말라고… 미워하던 사람들이 그 대상을 닮게 되더라고 말했다는 사람, 사람, 사람.

그를 세상은 여러 수식어를 사용해 부르지만 나는 그를 그냥 '사람'이라고 부르고 싶다.

문득, 촌철살인의 질문으로 대담자를 긴장시켰던 손석희 앵커가 김민기 선생을 인터뷰하던 날 오히려 긴장하고 떨려하던 모습이 기억난다. 사람됨의 존재감이 컸던 분에 대한 떨림이었다고 생각했다.

학전이 문을 닫기 전 더 자주 공연을 보러 갔어야 했는데 라는 후회를 학전이 문을 닫고 이제 그분이 떠나고 나서야 하게 된다.

고등학교 때 여러 차례 불렀다고 했던 <오 주여! 이제는 여기에>는 사실 김지하씨가 쓴 <금관의 예수>라는 극에 나오는 노래 중 하나이다. 예수에게 금관을 씌우고 더불어 우리도 금관을 쓰려고 애쓰는 모습이 오늘에도 낯설지 않다.

* * *

사람의 태어난 기질이 다르니 모두가 그럴 수는 없겠지만 선교사의 역할은 '뒷것'의 역할이고 '못자리'를 준비하는 역할이라는 생각이 든다. 현지인이 '앞것'이 되도록, 그리고 그 현지인도 후에 누군가를 위해서 '뒷것'이 되도록 '뒷것 됨'의 모범을 보이는 일이라 여겨진다.

그러고 보면 선생이자 주님이면서도 제자들의 발을 씻긴 예수님은 제자들을 '앞것'으로 여기시고 자신은 '뒷것'의 역할을 하신 것이다. 그리고 그 '앞것'들에게 자신이 본을 보인 것처럼 서로에게 그리고 세상에 나가 '뒷것'이 되라고 하신 것이다.

존재의 성숙이란 남을 낫게 여기는 일, 즉 '뒷것 됨'을 마다하지 않는 일이다. 하나님께서 기뻐하실 것이다.

예수가 된 사람들

        1980년. 나는 대학에 갓 입학한 신입생이었다. 연극반에 가입을 했고 선배들이 준비한 봄 공연을 보면서 들어오길 잘했다는 생각을 했다. 오랜 군사독재를 끝내게 되었다는 시대 분위기를 반영하듯, 5월 축제에 맞춘 정기 공연에는 <황태자의 첫사랑>을 뮤지컬로 하면 좋겠다는 둥 다소 흥분한 상태에서 대학 연극의 능력을 벗어난 이야기를 하다가 마침내 대작 중 하나인 <햄릿>을 하기로 하고 준비에 들어갔다.

    신입생인 나는 다른 신입생 친구와 함께 '사신' 역할을 하게 되었는데 맡은 대사는 '네, 알겠습니다'라는 여섯 글자가 전부였다. 그나마 대사는 둘 중 한 사람이 하게 되어 있어 친구와 치열(?)하게 경쟁하느라 그 여섯 글자를 여러 톤으로 진지하게 연습하였다.

그렇게 준비하던 연극은 새로운 독재의 등장과 함께 대학 휴교령과 계엄령으로 물거품 되고 학교에 들어갈 수 없게 된 우리는 이 산 저 산으로 떠돌며 신입생 1년을 보냈다.

그 후 세월이 지나 군 제대를 하고 좀 더 진지하게 연극을 준비하던 중에 선교사로 헌신하게 되었으니 연극은 마치 끝내지 못한 숙제처럼 남아 아내와 가끔 대학로 연극을 찾으며 그 아쉬움을 달래곤 한다. 그렇게 본 것 중 <더 북: 성경이 된 사람들>이라는 연극이 있다.

* * *

옥스포드 대학의 교수였던 존 위클리프[3]는 복음이 라틴어 성경에 갇혀 일반 성도들은 알 수 없었던 시대에 앵글로색슨족의 언어에 불과한 영어로 번역했다. 그것은 당시 신성

모독의 죄를 범하는 일이었다.

결국 이미 소천했음에도 불구하고 30년이 더 지나 그의 사상을 이어받은 체코의 얀 후스[4]가 화형을 선고받을 때 함께 선고를 받아 부관참시를 당하게 된다.

위클리프를 따르는, 더 정확히는 하나님의 말씀을 사모하고 따르는 이들을 당시 '롤라드'라 불렀는데 이들은 번역된 성경을 소지하는 것이 불법이고 빼앗기기 때문에 성경을 나누어 외우고, 거리에 나타나 자신이 외운 성경을 낭독하는 방식으로 복음을 증거했다고 알려져 있다. 연극의 부제인 '성경이 된 사람들'은 바로 그렇게 요한복음, 로마서 등으로 불리던 그 롤라드 한 사람, 한 사람을 지칭하는 표현이다.

뮤지컬로 진행되는 이 연극은 늘 '성극'이 주던 연기의 아쉬움이 없이 감동적인 내용과 잘 짜여진 구성과 이 불모지에 헌신한 젊은 배우들의 노력에 힘입어 기립 박수를 치지 않을 수 없는 감동을 전해 주었다.

성경 자체에 목숨을 걸어야 했던 시대가 있었다는 것은 오늘 우리가 하나님의 말씀을 얼마나 귀히 여겨야 하는지를 일깨워 준다. 그 시대, 자신들이 이해할 수 있는 언어로 하나님의 말씀을 갖는다는 것은 단지 성경책이 아니라 곧 말씀이신 그리스도를 얻게 되는 것과 동일한 의미를 가지고 있었으리라 짐작된다.

이제 그런 자유를 얻고 살아가는 오늘, 우리가 이해할 수 있는 언어로 성경을 가졌다는 것이 곧 그때처럼 그리스도를 얻었다는 의미는 아닐 것이다.

성경을 외우거나, 통독을 하거나, 필사를 하는 것이 신앙의 아름다운 면이고 일부 그리스도를 얻는 과정일 수 있겠지만 '롤라드'의 성경만큼 그리스도를 얻는 의미와 동일선상에 놓기는 어렵겠다.

그렇다면 오늘 우리에게 '성경이 된 사람들'의 의미는 무엇일까? 뮤지컬을 보고 집으로 돌아오는 내내 그 생각을 했다. 그리고 생각 끝에 '성경이 된 사람들'의 오늘날 버전은 '예수가 된 사람들'이라는 결론을 얻었다.

성경이 가리키고 있는 예수 그리스도, 예수를 우리 몸에 담아 우리가 예수가 되는 것, 그리고 그 예수 그리스도의 삶을 세상에서 살아 내는 것. 그것이 바른 해석이라고 생각했다.

***

'인간이 자신처럼 되게 하려고 하나님께서 인간이 되셨다'(God [or Christ] became what we are so that we could become what he is.)는 옛 교부들의 말이 떠오른다. 존재의 성숙은 결국 우리 안에 그리스도가 사는 길밖에 없지 않을까? 사도 바울도 그 신비를 깨달았나 보다.

내가 그리스도와 함께 십자가에 못 박혔나니 그런즉 이제는 내가 사는 것이 아니요 오직 내 안에 그리스도께서 사시는 것이라 이제 내가 육체 가운데 사는 것은 나를 사랑하사 나를 위하여 자기 자신을 버리신 하나님의 아들을 믿는 믿음 안에서 사는 것이라(갈 2:20).

선교적 존재를 마무리하며

선교에서 존재가 중요하다는 것을 인식하게 된 계기는 아마도 선교사로 산 세월이 늘어남에도 잘 변하지 않는 나 자신의 모습, 그리고 그런 내 모습과 비슷하게 외부적으로는 큰 성과를 거둔 듯한 선교사들이 보이는 미성숙한 태도에서 시작된 것 같다.

'선교가 도대체 뭔가?' '수십 년을 선교사로 살고 대단해 보이는 업적을 이룬 듯 보이는데 이렇게 성숙하지 못하다면 현지인들에게 과연 무엇이 남겨졌으며 선교사 자신은 선교의 과정에서 무엇을 배우는 것인가?'에 대한 의문이었다. '스스로 변화되지 못하고 다른 이의 변화도 돕지 못하는 선교라면 그것이 과연 성경이 말하는 선교일까?'라는 질문이 생겼다.

2000년대 들어와 '하나님의 선교'라는 용어가 다시 부활했을 때[5] 나는 '존재'에 대한 강조 때문에 '하나님의 선교'보다 '선교적 하나님'이라는 용어를 선호했다. 하나님을 선교의 수식어로 사용하는 '하나님의 선교'라는 용어보다는 하나님의 속성을 표현하기 위해 선교를 수식어로 사용하는 '선교적 하나님'이 더 바른 방향이라고 여겨졌기 때문이다.

'하나님의 선교'라는 용어는 자칫 하나님을 선교로 제한하는 우를 범할 수 있기에 목표를 선교가 아니라 하나님에게 두고 그분의 속성을 표현하는 용어인 '선교적 하나님'이라는 말이 더 좋았다.

이런 시각에서 보니 육신이 되어 오신 하나님의 말씀은 '예수 그리스도'라는 존재였지 단지 예수님이 하신 말씀만이 아님을 더욱 분명하게 인식하게 되었다. 그러므로 우리는 예수님에게서 배우는 것을 넘어 예수님을 배우고 닮고 담아야 한다고 생각했다.

하지만 도대체 이미 만들어진 존재를 어떻게 한단 말인가? 존재에는 답이 없어 보였다.

서양 선교사 중에 모두가 그렇지는 않았지만 오랜 기독교 문화에서 성장하여 성숙한 선교사들, 내가 다시 태어난다 해도 도무지 따라갈 수 없는 인격의 소유자를 보면 부러움과 나 자신에 대한 실망이 동시에 일어나곤 했다. 속으로 '너무 멋있다'라고 생각하기도 했다.

그 사람을 만드신 하나님이 나도 만들었다는 것을 생각하면 '하나님의 형상'대로 지음받은 원래의 존재에는 전혀 문제가 없을 것이다. '그 본래의 존재를 어떻게 회복할 것인가? 어떻게 참 인격을 가진 참 인간으로 회복될 수 있는가?' 하는 생각을 갖게 되었다.

자연을 자주 접하게 되면서 하나님께서 만드신 것 중에 가장 하나님께서 만드신 대로 존재하지 못하는 것이 인간임을 깨닫게 된다. 심지어 '하나님의 형상'대로 지음받은 유일한 피조물이면서 말이다.

풀도 꽃도 나무도 새도 모두 만들어진 대로 살아간다. 아니 어쩌면 그 피조물들도 지금보다 더 잘 존재하도록 만들어졌을지 모른다. 피조물들이 인간을 보며 하나님께 드려야 할 마땅한 경배를 배워야 하는데 오히려 인간이 그 피조물에게서 배워야 하는 상태가 되었다.

"들의 핀 꽃과 공중에 나는 새를 보라"하신 예수님의 뜻은 그나마 자연이 시절을 따라 본래 지어진 대로 살아내기 때문이라 생각된다. 자연을 보며 인간도 지어진 뜻대로 살아야 할 것을 결심하게 되고, 그렇게 살기 위해서는 자연처럼 자연스럽게 되는 것이 목표가 아니라 주님과 지속적으로 깊이 관계하며 이루고 도달해야 하는 지점이 있을 것이다.

그렇게 주님과 깊은 교제를 이어가는 존재의 여정을 지속하다 보면, 그리스도가 지금보다 훨씬 더 많이 우리 안에 채워지는 어느 날, 즉 우리가 그리스도처럼 되는 언젠가, 자연적으로 살아지는 자연이 하나님의 영광을 시원찮게 나타내고 있음을 눈치챌 날이 오며 하나님께서 본래 창조하신 그 존재에 근접하게 되리라 믿는다. 그리고 자연이 인간에게 배우는 날이 오리라 믿는다.

그래서 C. S. 루이스가 이렇게 말했나 보다.

우리는 자연을 통해, 자연을 넘어, 자연이 시원찮게 반영하고 있는 그 광채 속으로 들어오라는 부름을 받는다.6

2
선교적 방향

성찰을 하는 중요한 이유 중 하나는 올바른 방향을 찾기 위함이다. 많은 경우 방향을 생각하지 않고 누군가 정해 놓은 것을 그대로 믿고 그것을 실행하고 완성하는 데 많은 힘을 소비한다.

그렇게 되면 크게 두 가지 문제가 발생하는데 하나는 누군가 설정한 방향이 잘못되었을 경우이다. 방향에 대한 지속적인 성찰을 하고 있다면 혹 누군가에 의해서 잠시 잘못된 방향으로 가더라도 이내 바른 방향을 잡고 궤도 수정을 할 수 있지만 스스로 방향에 대한 성찰을 하지 않고 있다면 그런 수정이 불가능하게 되어 결국 잘못된 방향으로 가게 된다.

두 번째로 설령 남이 설정한 그 방향이 맞다고 하더라도 그것이 나의 성찰이 아니라 그저 남이 설정한 목표를 이루는 하나의 도구 역할로 자신을 제한할 때 ―이를 실행역량이라고 부른다― 어느 날 한정된 패러다임 안에서는 옳아 보였던 그 방향이 새로운 패러다임으로 전환되는 시기가 오고 더 이상 이전의 도구 역할을 했던 실행역량이 작동하지 않고 필요 없게 되었을 때 거의 쓸모없는 수준으로 전락할 위험이 있다.

따라서 무조건 실행역량에만 집중할 것이 아니라 올바른 방향에 대해 지속적으로 성찰하고 그에 맞게 지속적으로 교정하고 조정하는 것이 필요하다. 방향은 한 번의 성찰로 끝낼 수 있는 것이 아니다.

사람

어느 날 한 작은 모임에서 건축가의 강연을 듣게 되었다. 그는 자신이 지은 한 건물의 이야기를 통해 강연을 이어 나갔다.

강연의 주제는 건축의 구조에 대한 이야기였다. 건축가가 가진 사고의 구조라는 문과적인 요소와 건축이 지닌 물리적인 구조라는 이과적 요소를 버무리면서 진행한 이야기가 재미있어 푹 빠져들었다.

그가 설명한 많은 이야기 중에 내가 메모한 유일한 부분은 건축의 여러 구조에 대한 지식이 아니라 건축의 과정 중에 있었던 한 에피소드였다.

* * *

그가 지은 대표적인 건물은 한 프로배구 구단의 복합훈련 시설이었다. 사진을 보여 주었는데 아주 근사한 호텔급 실내 경기장이었다. 국내에서는 보기 드물게 훈련, 재활, 생활, 연습 경기까지 모두 한 공간에서 이뤄지는 올인원(all-in-one) 체계를 갖춘 시설이었다.

건축을 설계하던 당시 그는 생각이 잘 안 풀려 구단에 부탁을 하고 실제로 건물을 사용할 선수들과 며칠을 함께 지내며 이야기를 나누었다고 한다. 건축가의 이런 자세가 좋아 보였다.

그런데 유독 한 선수, 선수들 중 나이가 많은 선배 선수가 질문을 많이 했다고 한다. 그러면서 선수 휴게실에 세탁기 하나만 놓아 달라고 부탁을 하더란다.

그 전용 시설에는 선수들 숙소도 들어가 있는데 호텔급

이어서 옷을 벗어 놓으면 알아서 세탁해 주는 서비스가 포함될 예정이었다. 건축가는 그 선수에게 도대체 왜 세탁기가 필요하냐고 물었다.

그 선수의 답은 호텔급 서비스를 안 받겠다는 것이 아니라 가끔은 자신의 빨래를 스스로 하며 자신도 보통 사람과 같은 일상을 살고 싶다는 이유였다.

프로 선수로서가 아니라 그냥 자신도 하나의 사람이라는 평범함을 느끼며 살고 싶다는 바램이었다. 나는 이 이야기가 마음에 남았다.

생각해 보면 호텔도, 외식도 우리의 집과 집밥이 있기에 훌륭해 보이는 것이지 날마다 호텔이고 날마다 외식이라면 늘 좋을까? 아! 물론 없어서 못 먹는 거다.

여하간, 내 마음을 건드린 부분은 '사람됨'이었다. 우리는 모두 저 내면에 '사람됨'을, 좀 더 성경적으로 말하면 '하나님의 형상대로 지은 바 됨'을 가지고 있다는 사실에 대한 자각이었다.

선교사, 축구 선수, 배구 선수, 무슬림, 동성애자 등등 우리는 스스로 붙이거나 누군가 붙여 놓은 딱지를 달고 살아가기도 하고 때론 남에게 딱지를 붙이기도 한다. 하지만 우리 모두에게는 '사람됨'에 대한 욕구가 있고 그것은 '하나님의 형상'을 회복하고 싶은 깊은 내면의 욕구라고 할 수 있다.

파스칼은 『팡세』에서 "한때 인간에게는 참된 행복이 있었지만 지금은 이 행복의 공허한 표지와 흔적만이 남아" 있으며 "모든 것으로 이 공허를 채워 보려고 헛되이 노력"하지만 그것은 "오직 무한하고 불변하는 존재, 즉 [하나님]에 의해서만 채워질 수" 있다고 말한다.[1]

이런 파스칼의 말을 누군가 각색하여 좀 더 극적으로 만들었다.

> 모든 사람의 마음에는 어떤 것으로도 채울 수 없는 하나님께서 만드신 공간이 있는데 이 공간은 오직 예수를 통해 계시된 창조주 하나님으로만 채울 수 있다.
>
> There is a God shaped vacuum in the heart of every man which cannot be filled by any created thing, but only by God, the Creator, made known through Jesus.

* * *

   선교의 방향은 늘 사람이어야 한다. 선교는 사람이 사람에게 가는 일이다. 앞에 나오는 사람은 그리스도의 제자인 사람이고 뒤에 나오는 사람은 하나님의 형상대로 지음받은 사람이다. 이 방향을 놓쳐서는 안 된다.

   선교의 방향이 다양한 유형으로 변질되는 시대에 사람에게 붙은 어떤 딱지가 아니라 하나님의 형상대로 지음받은 사람을 보는, 그리고 그 안에 하나님만이 채울 수 있는 그 공간을 직시하고 그리스도를 소개하는 성도들이 되기를 소망해 본다.

이태원의 아프간 소녀

　　　　　　이태원에서 주로 무슬림들을 섬기며 사역하는 친구로부터 그곳에 아프간 가정이 있다는 소식을 들었다. 그래서 시간을 내어 그 아프간 가정을 방문하여 오랜만에 아프간 음식도 얻어먹고 사귐이 시작되었다.

　어느 해에 그 이태원 센터에서 성탄 행사가 있었고 장기자랑 시간이 있었는데 그 아프간 가정의 둘째 딸이 그 사역을 하는 친구 부부에게 감사한 마음을 전하는 편지를 낭독했다. 마침 내게 그 영상을 보내줬는데 보면서 울컥했다.

* * *

18살 나르기스(가명)는 또박또박 정확한 발음의 한국말로 감사의 마음을 전했다. 마음에 남는 단어들이 있다.

그중 하나는 낯선 자신들을 향한 '바깥 사람들의 시선은 늘 차갑지만' 이 친구 부부가 '늘 따뜻한 마음으로 너그러운 마음으로 품어 주셨다'며 그것을 한 번도 당연한 것으로 여기지 않았다는 말이었다. 선교는 역시 '진정성'임을 다시 확인했다.

그런 따뜻함은 소녀가 속한 아프간 가정, 특히 가장인 아버지에게 신뢰를 주었다. 그것이 중요한 이유는 가장이 가정의 전권을 가진 문화이기 때문이다.

그래서 여성을 밖으로 잘 내보내지 않는 문화임에도 불구하고 이 친구가 하는 센터에 아이들이 가는 것을 허락했고 나르기스는 이 센터가 자신과 그곳에 오는 모든 이주민 아이들에게 '안식처'라고 표현했다.

서울의 한 복판 '이태원'에서, 바로 우리 문 앞에서 하나님은 놀라운 일을 행하고 계신다.

아프간 사역을 했던 나로서는 이 일이 얼마나 불가능에 가까운 것인지 안다. 그 나라 안에서는 일어나기 힘든 일들이 우리 앞에서 주님의 은혜로 일어나고 있다. 물론 주님의 은혜를 따라 사역하는 사역자의 '진정성'으로 인해 일어나고 있는 것이다.

언젠가 지인이 컴퓨터 하나를 기증해 주어 그것을 그 아프간 가정에 전달해 주러 갔었는데 그때 그 집 아들이 '축구 선수'의 꿈을 가지고 있는 것도 알았다.

앞으로 이런 가정에서 자라나는 아이들이 한국의 색깔을 바꿀 것이다. 그리고 그들을 섬기고 사랑하는 일은 먼저 이 땅에 살도록 허락받은 우리들의 몫이다.

이들은 우리나라에 빌붙어 사는 사람들이 아니다. 나르기스는 자신의 꿈을 말할 기회가 있을 때마다 한국에서 잘 배워 언젠가 자신의 조국인 아프가니스탄에서 여성들의 교육과 여성들이 한 생명으로 존중받는 일을 위해 일하고 싶다고 한다.

한편 기특한 생각이지만 동시에 그들이 여전히 이 땅을 자신이 살아가야 할 곳으로 생각하지 못하고 있고 그 이유의 상당 부분은 먼저 살고 있는 우리들의 시선이라고 생각한다.

그동안은 우리나라에 왔다가 언젠가 돌아갈 예정인 '비정주' 이주민이 주류였다면, 이제는 이곳에 터를 잡고 살아갈 '정주' 이주민이 늘어나고 있다.

게다가 그런 가정에서 태어난 아이들은 얼굴의 모습과 상관없이 한국어만을 사용한다. 그 아이들은 이주민이 아니다. 비록 국적을 획득하지 못했을지 모르지만 실제적인 의미에서 '한국인'이다.

확언하건대 앞으로 여러 지역에서 지역교회들이 이러한 사역을 단순히 공간을 빌려주는 '장소 허락'이나 별도의 공간을 지원해 주는 방식이 아니라 진실한 마음으로 깊이 다가가는 '선교'가 필요할 것이다.

이주민에 대한 선교 방향이 주류 사회와 분리를 전제하고 돕는 방식을 벗어나 그들을 우리와 같은 동일한 거주민으로 인식하고 통합하는 방식으로 전환할 필요가 있다.

지역교회 안에 이주민 배경을 가진 사람들과 기존의 성도들이 자연스럽게 통합된 교구가 여기저기서 생겨나는 일을 보고 싶다.

* * *

　파리올림픽에서 동메달을 딴 여자 탁구 단체전에 선발된 3명의 선수 중 2명이 귀화 선수라는 것을 생각하면 이제 곧 귀화 선수를 차별하는 규정도 자연스럽게 사라질 것이며 그렇게 몇 세대가 지나면 그들의 조상이 귀화했다는 사실도 모르는 시대가 올 것이다.
　세상이 선교보다 앞서간다. 선교의 방향이 분리를 전제로 돕는 방식이 아니라 힘들더라도 통합으로 가야 하는 이유이다.

핵두변주
核斗辨州

조선에 처음으로 기독교 공동체가 생겼을 때 그 공동체를 섬긴 사람은 이벽 선생이다. 선생이 쓰신 <성교요지>라는 글이 있는데2 다 주옥같은 글이지만 그 안에 '선교사'의 삶을 묘사한 글이 있어 오래전부터 좋아했다. 긴 글이 아니니 옮겨보면

振枯援單(진고원단) 주린 자를 살리고 외로운 이를 돌보며
宥勇伸囚(유용신수) 회개자를 용서하고 죄인을 해방시키며

苗系齊魯(묘계제로) 제나라와 노나라의 자손들같이
品格呂歐(품격여구) 여상과 구양수의 품격을 심고
朔夏盤蹈(삭하반도) 먼 북쪽으로부터 중화에 이르기까지
　　　　　　　　두루 돌아다니며
核斗辨州(핵두변주) 저물면 북두칠성으로 방향을 잡고
曁寒迄熱(기한흘열) 추위와 더위도 가리지 않고
曳杖緯球(예장위구) 지팡이를 끌고 지구 위 곳곳에 복음을
　　　　　　　　전하도다

옆에 있는 해석은 이벽 연구의 권위자인 이성배 신부의 해석이다.

　　　　　　　　＊　＊　＊

중국에서 공부한 분과 이야기를 나누다 이 부분을 보여주고 특히 내가 좋아하는 핵두변주(저물면 북두칠성으로 방향을 잡고)의 한자 해석을 부탁했다. 그랬더니 핵과 변은 모두 '분별하다'는 뜻이 있다고 가르쳐 주었다. 비슷한 뜻의 단어로 병행을 만드는 중국식 사자성어의 특징이다. 직역하면 두(북두

칠성)를 파악하여 주(지역)를 분별한다는 말이다.

내가 지금 있는 곳을 알기 위해서는 땅을 보아서는 안 되고 별을 보아야 한다는 뜻이 가슴으로 훅 들어오면서 이벽 선생이 쓴 '두', 즉 별을 내가 자주 쓰는 본질, 본문, 성삼위 하나님, 성경 등으로 해석하였다. 그런 해석만 해도 가슴이 쿵쾅하였는데 이어서 덧붙이는 해석자의 설명에 정신이 혼미해졌다.

'핵'이라는 단어에 대한 설명이었다. 핵은 우리가 아는대로 핵심, 핵무기 그리고 요즘 핵인싸 등 명사 혹은 명사의 형용사적 기능으로 사용될 때는 씨, 중심 등의 의미를 가지고 있는 단어라고 했다.

하지만 동사적인 의미로 사용될 경우 단순한 분별이 아니라 '샅샅이 파악하고 세밀하게 연구한다'는 의미를 가지고 있다고 했다. 뒤에 나오는 '변'과는 쌍을 이루지만 그보다 훨씬 깊은 단어라는 설명이었다.

말하자면 깊이 상고하고 연구하고 성찰한다는 의미이다. '별을 파악하여' 혹은 '본질을 파악하여'라고 간단히 넘겨서는 안 되는 심오한 뜻이 있음을 알게 되었다.

이벽 선생을 너무 좋아해서 선생의 의도와 무관한 해석이 될 수도 있겠지만 별을 세밀하게 성찰한 후 땅을 분별한다는 것이 요즈음 내가 계속 성찰하는 것과 맥락이 같다는 생각을 하게 되었다.

그러니까 하늘의 별, 즉 본질을 먼저, 그것도 대충 '쓱'보는 것이 아니라 아주 세밀하게 연구하고 대조하고 성찰한 후에, 그렇게 얻어진 결과를 기초로 해서 상황을 파악하고 본질을 그 상황에 맞도록 적용해 나가야 하는 오늘날 선교의 핵심을 '핵두변주'(核斗辨州)가 말하고 있는 듯했다.

핵두나 변주는 이전에 다른 사람이 쓴 글이나 책에 나타나는 단어가 아니라는 설명을 성교요지 주해에서 보았다. 그러니까 이 용어는 어디에서 자주 사용되는 용어를 차용한 것이 아니라 이벽 선생이 쓴 용어라고 이해할 수 있다.

네 글자로 모든 생각을 압축해야 하는 사자성어 글쓰기에서 '핵두'한 다음 '변주'한다는 표현이야말로 선생이 30대 나이에 복음을 위해 애절하게 소천한 지 200년이 훨씬 지난 후에도 깊이 상고하게 되는 대단한 통찰력이라 하겠다.

* * *

성찰의 방향은 선생이 두(별)라고 표현한 본질에 대한 것이어야 한다. 시대가 변했다고 자꾸 그에 맞는 유형의 변화를 방향으로 삼으려는 시도가 여기저기 눈에 띄는데 그럴 것이 아니라 변화가 무쌍할수록 '핵두'하는 용기와 통찰이 있기를 소망한다.

루오와 바르트

오래전 아프가니스탄에 살 때 가끔 수도 카불에 올라가면 잡화들을 파는 거리에 들러 혹 그림이 있는지 조심스레 묻곤 했다. 당시 탈리반 정권은 일반 학문을 마약이라고 정의하고 특히 인간의 감성과 관련된 음악, 미술 등을 철저히 금지시켰다. 그러니 그림을 구하기란 별 따기였다.

한 잡화 가게에서 차를 마시며 주인과 좀 더 가까워진 후에야 그가 다락에 꽁꽁 숨겨 놓은 작은 소품들을 볼 수 있었고 그렇게 구한 아프간 화가의 그림 몇 점을 지금도 가지고 있다. 언젠가 그 니아즈라는 화가가 아프간의 이중섭이 되기를 바라는 지극히 세속적 욕심도 있다.

* * *

조르주 루오(1871-1958)는 『침묵』이라는 소설을 쓴 일본의 엔도 슈사쿠 그리고 '동방의 루오'라고 불리는 우리나라의 이중섭 화가 등에게 영향을 미친 프랑스 종교 화가이다.

서울이 아닌 전남 광양(전남도립미술관)에서 루오 전시회가 열린 적이 있다. 시간을 내지 못하고 있다가 전시 마감을 하루 앞둔 날 서둘러 방문했다.

"인간의 고귀함을 지킨 화가 조르주 루오"라는 전시회 제목은 루오를 잘 표현하고 있었다.

루오의 그림을 보면서 믿음이 깊었던 그가 하나님의 마음으로 사람이 사는 세상을 자세히 들여다보았다고 생각했다.

그리고 비슷한 시기를 살았던 스위스의 목회자이자 신학자인 칼 바르트(1886-1968)가 떠올랐다. 두 사람의 분야는 전혀 다르지만 근대 역사에서 가장 큰 고통의 시기인 세계대전을 겪어서인지 성찰이 닮아 있다는 생각이 들었다.

세계대전 직전까지 '선교의 위대한 세기'를 막 지나 온 교회, 그리고 그 선교를 일선에서 담당해 온 선교회들은 자신감에 차 있었다.

그런 인간적 자신감 속에는 서구 우월주의가 포함되어 있었고, 따라서 '선교'에 대한 열정이 가득했지만 그 안에 교회라는 자기중심, 더 엄밀히는 서구라는 자기중심에 취했고 역설적으로 '선교'가 반드시 지향해야 하는 하나님에 대한 지속적인 묵상을 멈췄고 그의 형상대로 지음받은 인간에 대한 지속적인 존중도 멈추었다. 오히려 '식민'이라는 날카로운 칼을 선교에 품게 되었다.

세계대전으로 인해 인간적 자신감, 그리고 교회와 선교회의 중심성이 깨지고서야 비로소 막혀 있던 '지속적인 성찰'이 가능하게 되었다.

하나님에 대한 지속적인 성찰은 바르트의 강조점이었다. 삼위일체 하나님에 대한 그의 묵상은 '하나님의 하나님 되심'으로 나타났고 그의 이러한 생각이 선교계에 영향을 주어 "교회의 활동은 성삼위 하나님의 속성을 반영해야 한다"는 의미에서 '하나님의 선교(missio Dei)'라는 용어가 등장했다.

동일한 성찰의 지점에서 인간에 대한 지속적인 존중은 루오의 강조점이었다. 그는 낮은 곳에 있는 사람들의 모습, 그들의 시간과 거리 등을 판화로 혹은 그림으로 표현해 내었다.

이런 관점에서 선교를 정의해 보면 선교란 "성삼위 하나님(본질)과 인간의 구석구석(상황) 사이를 연결하는 것"이라 생각된다. 그리고 그것은 적당히 중간쯤에 자리하는 것이 아니라 지속적으로 본질을 묵상하고 지속적으로 상황 속으로 들어가는 것이라 여겨진다.

그러니 선교는 완벽하게 본질이시며 동시에 완벽하게 상황(인간)이시고 더 나아가 그 둘 사이를 완벽하게 연결하신 주 예수 그리스도를 지속적으로 따르는 수밖에 없음이 자명하다. 선교는 그리스도이고, 그리스도가 곧 참 선교이시기 때문이다.

루오는 그림을 통해 '하나님을 바르게 안다는 것은 그분이 관심을 가진 인간에 대한 깊은 이해로 나타나야 한다'

는 것을 표현했다. 고통과 외로움과 상실 등 가장 낮은 곳에 있는 사람들을 그려내면서 하나님의 관심이 어디에 있는지 상기시켰다.

가장 하나님다운 것은 세상에서 가장 사람다운 것임을, 완전한 하나님이신 그분이 바로 가장 완전한 인간이신 그리스도이심을 이야기해 주었다. 회색으로 그려야 할 것 같은 우울한 상황을 찬란한 색들로 그려낸 것을 보면서 루오는 하나님의 마음과 시각을 가졌다고 생각했다.

* * *

하나님의 시각에서는 오늘 우리가 겪는 모든 것들이 나름의 '색'을 가졌을 것이다. 비록 우리가 보기엔 흑백처럼 보이는 암울한 상황일지 모르나 하나님의 눈에는 총천연색으로 보일 것이다.

선교의 방향은 그 모든 사람 하나하나, 그 세상 모든 구석구석이 하나님의 시각에서 나름의 색을 가지고 있음을 인식하고 그 색을 잘 발견하도록 돕는 일이다. 색을 통일하는 것이 방향이 아니라 각각의 색으로 총천연색의 하나님을 그려내는 일이다.

마네킹

가끔 해외 출장이 생기면 지루한 비행 시간을 견디느라 좋아하는 책을 잡는데, 한때 튀르키예 작가인 오르한 파묵의 책을 보곤 했다. 어느 출장길에 읽었던 파묵의 『검은 책』이라는 소설에 나오는 이야기 중 하나가 마음속에 남아 나누어 본다.

* * *

옛날 튀르키예에 마네킹을 잘 만드는 '베디'라는 이름의

장인이 있었다. 박물관에 외세를 물리친 튀르키예 장수들을 만들었는데 그것을 본 사람들은 너무나 실제 사람과 똑같아서 놀랐다. 재료도 재료지만 베디의 비법은 사람들의 제스처를 관찰하는 것이었다.

각 문화에는 고유한 표정과 제스처가 있는 것이 사실이다. 외국에 나가 중국인, 일본인과 한국인을 구별하는 것도 그 얼굴에 나타난 표정 그리고 제스처 등을 통해 알게 된다.

베디가 만든 마네킹의 표정과 제스처는 튀르키예인들의 일상에서만 볼 수 있는 고유한 것이고 그것을 잘 표현했기에 사람들이 아주 놀란 것이다.

하지만 종교 지도자들은 이렇게 사람과 똑같은 마네킹은 신과 경쟁하는 것과 다름없다며 마네킹을 치우고 대신 허수아비를 세우도록 했다. 그럼에도 베디의 열정은 식지 않았고 자신의 집 지하에 작업실을 만들어 자신만이 할 수 있는 그 정교한 작업들을 계속해 나갔다.

그러다 마침내 오스만 제국이 무너지고 공화국이 세워지면서 튀르키예에는 서구화의 물결이 밀려 들어왔다.

우리의 명동쯤에 해당하는 이스탄불 베이올루에는 쇼핑

거리가 생겼고 유명한 옷가게에는 베디의 눈에 보기에 아주 허접한 서구 마네킹들이 옷을 걸치고 서 있었다.

베디는 드디어 '승리의 날'이 왔다고 생각했다. 자신이 만든 마네킹에 비하면 그 외국 사람의 모습을 한 마네킹들은 비교가 안 되었다. 샘플을 가지고 가서 가게 주인들에게 보여주면 놀라면서 좋아할 줄로 기대했다.

그런데 예상과 달리 가게 주인들 모두가 그의 마네킹을 거절했다. 이유는 어이없게도 서양 모델이 아니라 튀르키예 사람을 아주 꼭 닮은 마네킹이었기 때문이었다.

옷을 사러 오는 사람들은 자기와 같은 사람들이 입고 있는 외투가 아니라 새롭고 하얗고 소위 '아름다운' 사람들이 입고 있는 외투를 원하기 때문이었다. 장사가 잘되기 위해서는 '진짜 튀르키예인'과 같은 마네킹을 진열할 수 없었다.

어느 날 잡화상을 하는 사람이 헐값에 베디의 마네킹 두 개를 사 갔다. 잡화상 주인은 그래도 몇 사람은 그것을 찾을 사람이 있을 줄 알았다.

그런데 얼마 지나서 그 잡화상 주인 역시 베디의 마네킹들이 너무나 '우리 중 한 사람' 같아서 사람들의 시선을 끌지 못한다는 것을 깨달았고 결국 그 주인은 장갑, 신발 등을 진열하기 위해 베디가 만든 마네킹의 손을 자르고 발을 잘라 사용했다.

베디의 마네킹이 가진 고유한 특성, 즉 그 표정과 제스처는 다 사라지고 실용성만 남은 셈이다.

이것을 읽으면서 자동차 왕 헨리 포드가 했다는 말이 생각났다. 자동차를 조립하는 산업화 시대에 사람을 사람으로 보지 않고 효용성으로 보는 관점을 대변하는 섬뜩한 말이다.

내가 필요한 것은 사람의 두 손뿐인데 왜 머리까지 달려오는지 모르겠다.

베디는 아들의 입을 통해 이런 말을 우리에게 남긴다.

아버지는 우리를 우리이게 만드는 제스처에 무엇보다도 먼저 관심을 가져야 한다고 했습니다… 아버지는 언젠가는 진열장에 자신의 마네킹이 놓일 거라고 확신했어요! 우리나라 사람들이 언젠가는 다른 사람을 모방하지 않을 만큼 행복해질 수 있을 거라는 희망 역시 한 번도 버린 적이 없어요!

베디의 이 희망이 곧 선교의 희망이고 방향이다. 선교는 현지에 지속적인 예배 공동체가 세워지는 것이다. 언제까지나 외부의 힘을 의존하는 공동체가 아니라 스스로 성찰하고 스스로 하나님의 선교에 참여하는 공동체가 세워지는 일이다.

이 방향을 놓치면 오랜 세월이 지나고 복음이 전해진 것 같은데 여전히 외부에 의존적인 허약한 공동체를 바라보면서 한숨을 짓게 될 것이다.

* * *

무슬림이 다수인 국가 안에 존재하고 있는 소수 기독교 종족들이 복음을 받은 지 오래되었지만, 다수 종교를 향해 복음을 전하는 선교적 속성은 없이 자신들 내부로만 향하여 있는 것을 보게 된다. 그러다 보니 매우 관료적이고 많은 형식이 축적되어 있는 기독교로 축소, 왜곡된 모습을 보게 된다.

때로는 그들을 깨우는 일이 심지어 무슬림 선교보다 어렵게 느껴지기도 한다. 처음부터 바르게 방향을 잡지 않으면 이렇게 여러 곳에서 비정상적인 상황을 맞이하게 될 것이다.

이방 과부

유대 회당에서, 당연히 유대인일 청중에게 하시는 말씀에 예수님은 이방 과부를 언급하여 회중을 화나게 했다.

> 엘리야 시대에 하늘이 삼 년 육 개월간 닫히어 온 땅에 큰 흉년이 들었을 때에 이스라엘에 많은 과부가 있었으되 엘리야가 그 중 한 사람에게도 보내심을 받지 않고 오직 시돈 땅에 있는 사렙다의 한 과부에게 뿐이었으며(눅 4:25-26)

도대체 왜 예수님은 이렇게 청중이 받아들이기 어려운 방식으로 이야기를 하실까? 하긴 생각해 보면 예수님의 이런 방식은 낯설지 않다. 구약에도 그런 사례들이 등장하는 것을 보면 하나님도 가끔씩 그런 방식을 택하시는 것 같다.

하나님은 도대체 왜 룻을 포함해 이렇게 이방 과부들을 잊을 만하면 한 번씩 등장시켜 하나님의 백성이라 자부하는 이스라엘 민족의 자존심을 건드리시는 걸까?

우리 민족도 그렇지만 유대 민족은 더욱 혈통이 중요했던 민족이다. 선택된 혈통, 말하자면 백두혈통 운운하는 집단처럼 순수 혈통을 중시한 민족이다. 게다가 그들이 그토록 기다리는 메시아라면 더욱 혈통이 중요할 수밖에 없다.

그런데 왜 그 고귀한 족보에 유대인이 볼 때 '잡피'로 여겨지는 이방인의 피를 섞으셔서 그들의 자존심을 뭉개시는가 말이다.

물론 나 같은 선교사는 '하나님이 유대인만의 하나님이 아니라 이방인의 하나님도 되신다는 것을 선포하신 거다'라고 말하고 싶어진다. 그런 면이 당연히 있을 것이다.

하지만 그것이 유일한 이유라면 그 이야기를 유대인에

게 할 것이 아니라 이방인들에게 해야 하는 것 아닌가? 이방인들에게 '너희들도 나의 선택에 들어와 있다. 그것을 말해 주기 위해 가끔씩 너희의 피를 이스라엘과 섞이도록 한 것이다'라고 하시면서 이방인 격려용으로 사용하셔야 할 사례가 아닐까?

그런데 굳이 유대인들을 짜증나게, 그것도 소위 예수님의 '첫 설교'에서 그런 식으로 말씀하심으로 유대인 청중과의 소통을 차단할 필요는 없어 보인다.

영남에 가서 호남에 백화점을 세우겠다고 공약하고 호남에 가서 영남에 신공항을 공약하면서 표를 바라는 정치인은 없을 것이다.

그래서 성경에 등장하는 이방 과부들의 역할이 무얼까 곰곰이 생각해 보게 된다.

선택을 받은 사람들이 그 선택의 원인이 자신들에게 있지 않고 오히려 무언가를 위해 선택받았음을 바르게 인식한다면 더욱 겸손하고 더욱 부끄러워할 줄 아는 성숙의 길로 가야 한다.

하지만 많은 경우에는 안타깝게도 그 선택이 우쭐함으

로 표현된다. 유대인들도 예외는 아니어서 하나님의 선택이 결국 왜곡된 특권의식으로 변질되어 나타났다.

그 특권의식을 그림으로 비유해서 인간이 막 덧칠한 촌스러운 그림이라고 생각해 보자. 그러니 하나님은 한 번씩 하나님의 하나님 되심을 드러내시기 위해 특권의식이라는 오염이 없는, '하나님의 형상대로 지음받은 한 자연인'을 등장시켜 하나님의 아름다운 온갖 색을 마음껏 뿜어내시는 듯하다.

'선택됨'이라는 스스로의 색에 도취되거나 오염되지 않은 맑고 단순한 검은 색 한 줄, 그것이 이방 과부가 가진 모습이 아닐까 생각한다.

그리하여 하나님은 그 단색에 하나님의 총천연색을 입힘으로 더욱 또렷하게 하나님이 보이게 하신다. 결국 이방 과부의 역할은 선택받은 자들에게 추하게 덧칠한 것을 벗고 본래의 자리로 돌아가도록 하시려는 하나님의 배려로 느껴진다.

* * *

선교의 방향은 하나님의 색과 빛이 드러나는 것이다. 그러려면 화사하게 치장된 우리의 화장을 지워야 한다. 그렇게 맨 얼굴로 돌아가야 하나님께서 하나님을 드러내는 일에 우리를 사용하실 수 있기 때문이다. 거울 앞에 서자. 그리고 깨끗하게 화장을 지우자.

사람 개척

　　사도 바울의 발자취와 몇몇 기독교 유적지를 돌아보는 시간을 가졌다.
　　사도 바울의 발자취를 따라 몰타(멜리데)를 시작으로 이후 아덴과 고린도, 겐그리아 그리고 데살로니가, 아볼로니아, 네압볼리, 빌립보 등을 방문했다. 그러니까 사도 바울의 마지막 여정부터 거슬러 올라간 셈이 되었는데 그렇게 하니 사도의 마지막을 본 상황에서 이전에 일어난 일들의 의미를 성찰하는 데 도움이 되었다.

바울의 등장은 스데반의 죽음과 함께 시작되었는데 스데반의 설교는 한마디로 "하나님은 사람의 손으로 지은 곳에 계시지 않고 하나님께서 자신의 형상으로 지으신 사람 중에 계신다"(행 7:48 참조)는 메시지로 읽힌다.

아브라함, 이삭, 야곱, 요셉, 모세, 여호수아, 다윗, 솔로몬 등을 이어가며 말하는 스데반은 그들이 만든 어떤 위대한 것을 말하는 것이 아니라 그 사람 가운데 역사하신 하나님을 증거하고 있기 때문이다.

성전과 율법 중심의 바울에게 그 말이 쓸데없는 소리로 들렸겠지만 이후 주님을 만나고 나서 그도 같은 생각을 한 것으로 보인다. 아덴에서 그는 스데반의 말을 그대로 인용하면서 "손으로 지은 전에 계시지 아니하시고"(행17:24)라고 강조한다.

* * *

이번 여정에 절벽 위에 세워진 한 수도원을 방문했다. 길이 없던 시절에는 절벽을 오르는 일 자체가 수도였다고 한다. 그렇게 긴 세월 올라 작은 수도원이 만들어지고 그곳에서 하나님을 향해 수도를 했다고 한다.

같은 봉우리에서 수도를 하던 두 명의 수도사가 있었다. 하나님을 위해 목숨을 바치는 일보다 더 어려웠던 일은 두 수도사가 같이 지내는 일이었다 한다. 마침내 둘은 갈라서서 각각 다른 봉우리로 또 죽음의 여정을 시작했다. 수도란 과연 무엇일까?

* * *

다메섹 도상에서 주님을 만난 후 십자가의 복음밖에 몰랐던 바울, 그러나 바울이 지닌 그 초기의 십자가의 복음은 지나치게 피가 뚝뚝 떨어지는 것이어서 선교 여정의 중간에 돌아간 마가 요한처럼 나약한 자를 품을 수는 없었나 보다.

2차 선교 여정을 시작하면서 그 문제로 바나바와 심히 다투었다. 열정은 가득했지만 그의 2차 여정이 개운하지는 못했을 것 같다. 그렇게 떠난 선교 여정인데 아시아에서 복음을 전하는 일이 계속 막힌다. 그것도 사람이 막는 것이 아니라 성령이 막으셨다고 기록되어 있다.

그러니 바울의 마음에 "이 무슨 일인가?"라고 생각하며 마가 요한의 일로 바나바와 심히 다툰 문제를 곱씹어보지 않을 수 없었을 것이다.

그러다가 "우리를 도우라"는 마게도니아인의 환상을 보고 건너간 곳이 빌립보였다. 이번 여정 중에 바울이 루디아를 만난 빌립보 강가에 서서 잠시 그때를 생각해 보았다.

복음의 길이 막히고 낯선 유럽의 첫 도시에서 바울은 "이제 새 길이 열리네!"라는 생각보다는 자신을 성찰하며 주님께 묻지 않을 수 없었을 것 같다. "주님, 왜 그러시나요?"

우리 가정이 아프가니스탄에 가서 수도 없이 물었던 그 질문, 그리고 선교사들이 오늘도 계속 던지고 있을 그 질문, "주님, 도대체 왜 그러시나요?"가 오버랩되어 떠 올랐다. 요즘 말로 "어쩔…"

바울은 그렇게 주님께 묻기 위해 기도처를 구하다가 강가에서 루디아를 만나고 결국 그 집에 머물게 된다. 피가 뚝뚝 떨어지는 바울의 미성숙한 '십자가와 복음', 그래서 나약한 사람은 거추장스럽게 여겨지는 그런 '십자가와 복음'이라면 남녀 차별이 심했던 그 시대에 루디아가 보일 리 만무해 보인다.

그런데 막으시고 인도하신 그 성에서, 다른 말로 사람의 손이 아니라 하나님이 지으신 마가 요한을 과업 앞에 무시해 버린 일에 통렬한 반성이 있었을 바울에게, 전에는 보이지 않던 '여인'이 보였을 것이라는 생각이 들었다.

그리고 후에는 고린도에서 브리스길라와 아굴라 부부와 동역이 이루어지니 여인을 포함한 동역의 시작이 '하나님이 거하시는 사람'을 보기 시작한 빌립보에서 출발한 것으로 보인다.

빌립보의 강가에 서서 이런 생각을 했다. '바울은 **교회개척**을 한 것이 아니라 **사람 개척**을 한 것이었구나. 바울에게 교회라는 말은 곧 하나님이 지으신 사람 곧 성도들이었구나.'

동시에 오늘날 우리는 교회개척이라는 단어를 사용하지만 미묘하게 사람보다 건물이 앞서 있다는 생각이 들었다.

몇몇 바울 서신의 첫 문장들을 보니 새롭게 읽혔다.

에베소에 있는 성도들과 그리스도 예수 안에 있는 신실한 자들에게 편지하노니

빌립보에 사는 모든 성도와 또한 감독들과 집사들에게 편지하노니

골로새에 있는 성도들 곧 그리스도 안에서 신실한 형제들에게 편지하노니

오늘 우리 눈에 나약해 보이는 주변의 그 사람이 '하나님께서 거하시기 위해 지으신 사람'임을 볼 수 있는 시각이 열리기를, 그리고 우리가 섬기는 그 현장에서 '사람을 개척'하는 아름다운 일들이 일어나기를 바란다.

* * *

선교는 사람을 개척하는 일이다. 건물을 지으면서, 프로젝트를 중심에 삼으면서, 책을 번역하면서, 기술을 가르치면서 심지어 한글을 가르치면서 그 자체가 선교의 방향이라고 생각해서는 안 된다.

무엇을 해도 상관없지만 마침내 방향은 사람이어야 한다. 하나님께 참으로 예배하는 사람을 개척하는 일이다.

선교적 방향을 마무리하며

방향을 중요하게 생각하게 된 계기가 있다. 2000년대 들어와 국제 선교 단체들은 변화된 상황에 잘 맞지 않는 선교로 인해 많은 성찰을 하게 되었다. 그중 하나가 적절한 리더십 훈련에 대한 것이었다.

당시에도 여러 리더십 훈련 과정이 개발되어 있었는데 리더십 훈련이라고 이름이 붙어 있었지만 사실 '역량' 혹은 '기술' 훈련이 주류를 이루는 훈련이었다.

그 이유는 선교는 '미전도 종족'이라는 목표가 이미 정해

져 있었고 그 목표를 이루기 위한 방법에 몰두할 때라 그에 필요한 역량과 기술을 갖추는 훈련에 초점이 있었다.

선교를 해안에서 내지, 내지에서 미전도 종족 등 외부적 변화에 초점을 맞춘 방식은 세상의 변화 때마다 고전을 면치 못했다. 더 정확히는 외부적 변화에 깊은 성찰로 대응했던 '개척자'들의 깊이를 묵상하기보다 그것을 외부적 변화라는 형식으로 이해하고 형식에 따른 전략에만 초점을 맞춰서 발생한 문제였다.

예를 들어 해안 선교가 주류를 이루던 시대에 내지 선교로 전환을 했다고 평가받는 허드슨 테일러의 전환은 현지인 중심으로 전환하고자 한 그의 선교학적 통찰이었지 단순히 지리적인 개념이 아니었다.

그런 내용의 변화가 아닌 지리적 전환 이해는 오히려 여러 곳에 할 일이 많다는 인식만 고취하게 되니 당연히 '과업' 중심으로 흐르게 되었고 겉으로 보이는 많은 프로젝트의 활성에도 불구하고 '현지인'과의 갈등은 여러 면에서 더욱 커졌다.

내지로 들어가 선교 센터를 세우고 센터의 보안 강화 등이 중요한 이슈가 되어 보안 강화라는 비본질적인 요소에 많은 재정이 투입되는 사례도 있었다.

* * *

어느 해에 여러 국제 선교 단체 리더들이 모여 당시 단체들이 당면한 문제들을 토론하게 되었고 나도 그 자리에 있었다.

공전하는 토론을 지켜보다가 머리에 번쩍 스치는 생각이 있었다. 손을 들었다. 그리고 나가서 칠판에 그림을 하나 그렸다. 화살 그림이었다. 화살대에는 역량이라고 적어 넣었다. 그리고 끝에 있는 깃에는 성품이라고 적어 놓았다.

여러분의 토론을 들으며 많은 부분 이 화살대에 해당하는 역량에 대한 이야기임을 깨닫게 됩니다. 그동안의 훈련은 바로 이 역량 중심의 훈련이었다고 생각됩니다. 한국에서는 누가 이것을 '칼'이라고 했습니다. 잘 드는 칼이 필요하죠. 그리고 간간이 여기 깃에 해당하는 성품 혹은 조직의 문화에 대한 이야기도 들렸습니다. 칼집과 같은 것이

죠. 역량과 성품이 조화를 이루지 못하면 '저 사람 참 실력은 좋은데…'라는 한탄이나 '저 사람 참 사람은 좋은데…'라는 탄식을 하게 됩니다. 오늘 우리의 문제는 무엇일까 생각해 보았습니다. 그리고 여기 화살촉, 즉 방향의 문제라고 생각하게 됩니다. 선교 현장의 변화 등 여러 전환기적 상황에서 이 방향에 대한 문제가 가장 중요하고 선결해야 할 주제라고 생각합니다. 방향이 옳은지 혹은 그른지 성찰하지 않고 누군가 정한 방향과 목표를 그대로 둔 채 그것을 이루기 위해 역량 중심의 훈련을 하고, 성품마저도 그것을 이루기 위한 성품 정도로 여기니 해결의 실마리가 보이지 않는 것 같습니다. 여기 방향이라는 것은 선교학적 성찰을 통해 만들어 가는 것이라고 생각됩니다. 위성을 발사하고 계속 궤도 수정을 해야 하듯, 우리가 겪고 있는 여러 주제들을 선교학적으로 성찰하고 그 성찰을 선교 현지에서도 <u>스스로</u> 하도록 해야 하지 않을까요?

박수를 받았고 리더 중 한 사람이 그 그림을 더욱 발전시켜 여러 곳에서 발표하기도 했다.

그렇게 리더십 훈련의 논의 자리에서 영감을 얻어 '방향'을 중요한 주제로 여기게 되었다.

그 후로 내가 속한 단체는 여러 주제들, 예를 들어 펀드, 번역, 현지 단체 등 다양한 주제들에 대해 선교학적 성찰을 시작하였고 그런 시간을 통해 방향을 잡아가는 여정을 지속했다.

그리고 더 중요한 것은 그렇게 모여 얻은 결과를 이전처럼 하나의 고정된 답으로 만들어 각 지역과 지부로 내려보내는 방식을 하지 않았다는 것이다.

각 지역과 나라의 리더들이 한 자리에 모여 함께 배움의 공동체로 성찰한 여정이 중요했고 거기서 얻은 결과가 하나의 참고가 될 수는 있었지만 각 리더들은 자신의 지역과 나라에서 유사한 과정을 진행한 것이다.

물론 모든 리더들이 기대한 대로 되지는 않았다. 오히려 많은 리더들이 모임은 모임대로 하고 그것이 끝나면 기존의 패러다임, 즉 여전히 외부의 기금에 의존하고 그것을 받기 위해 서구 국가들을 방문하는 일을 계속했다.

하지만 몇몇 젊은 리더들은 이 과정에서 스스로 방향을 잡고 자국에서 유사한 모임을 통해 자성(self-reflection)의 여정을 지속했다. 그 모임에 때로 초대를 받아 그들의 성찰을 돕기도 했다.

국제본부에서 무언가를 만들어 내려보내는 단일중심(mono-centric)의 기존 방식에서 각 지역과 나라들이 스스로 성찰하는 방식으로 전환하고자 했고 그것을 당시에 다중심(poly-centric)이라고 불렀다. 이 용어가 그때의 마음을 제대로 반영하고 있는지에 대해서는 후에 다시 살펴보려고 한다.

그때 스스로의 성찰로 전환한 지역에서 이제 그 결과들이 실제 열매들로 나타나는 것을 보게 된다.

얼마 전 방문한 동남아 국가에서는 그때 생각을 전환한 젊은 리더가 헌신하여 각 교단과 단체들의 성찰을 돕고 외부 의존보다 스스로 하나님의 선교에 참여하도록 격려하는 사역을 하여 많은 젊은 현지 사역자들이 사역에 헌신하는 모습을 보았다.

성찰과 방향 전환이 당장의 사역을 늦추게 되므로 뭔가 느리고 더디다고 생각할지 모르나 옳은 방향이 더 많은 열매를 맺는 사례를 보게 된 것이다. 옳은 방향은 언젠가 분명 많은 열매를 거둘 테지만 비록 열매의 조짐이 보이지 않아도 나는 여전히 옳은 방향이 중요하다고 생각한다.

3
선교적 태도

사람들이 복음을 듣고도 받아들이지 않는 이유는 메시지의 문제라기보다 대개의 경우 복음을 전하는 사람에 대한 거부, 즉 메신저 거부 현상 때문이라고 할 수 있다.

이분법적 사고를 가진 서구의 영향으로 오늘날 선교는 메시지와 메신저를 구별하지만 예수님이 보여주신 모습은 스스로 제물이자 제물을 드리는 제사장이었고 스스로 말씀이자 말씀을 증거하는 분이었다. 그분은 생명의 빵을 주시는 분일 뿐 아니라 곧 생명의 빵이었다. 메시지와 메신저는 나누어지지 않는다. 메신저가 곧 메시지이기 때문이다.

한 선교사가 무슬림 환경에서 어려운 중에 회심한 사람들에게 물었다. "어떤 선교사가 좋은 선교사인가요?" 현지인들은 대답하지 못했다. 좋다는 것을 하나, 둘, 셋, 이렇게 분석적으로 말하지 않는 문화이기 때문이다.

재촉하자 현지인 한 사람이 "어떤 선교사가 좋은 선교사인지는 모르지만 우리에게 누구를 좋아하느냐고 물으면 말할 수 있다"고 하면서 어느 선교사의 이름을 말했다.

선교사의 질문이 이어졌다. "그 선교사를 왜 좋아하는지 말하면 되겠네요." "몰라요. 그냥 좋아요."

그래도 선교사가 계속 재촉하자 그 현지인은 이렇게 소리쳤다. "그 선교사는 우리에게 돈을 빌려 갔잖아요!"

돈을 빌려간 선교사가 좋은 선교사라고 했다. 아버지 장례에 갈 비행기 값이 없던 선교사가 도움을 요청하자 회심자들이 돈을 걷어 준 것이다.

그러면서 이렇게 덧붙였다. "다른 선교사들은 우리의 도움이 필요하지 않았잖아요. 그는 우리의 도움이 필요했어요!"

마음속으로 들어가는 메시지는 선교사의 태도에 달려 있다. 그리고 그 태도는 연약함의 태도이다.

디스 배리 빅

<프리 버마 레인져스>(*Free Burma Rangers*) 라는 다큐 영화를 보았다. 선교사가 미얀마 현지 사역자들과 함께 군사독재로부터 억압을 받고 희생을 치르고 있는 소수민족의 지역으로 들어가 전쟁 상황임에도 불구하고 그곳에서 사람들을 치료하고 아이들을 위한 교육하는 실제 다큐 영화다.

영화의 후반부는 미얀마에서 사역하던 선교사와 현지 동역자들이 함께 이라크 분쟁 지역으로 가서 사역하는 이야기다.

전쟁 속에서 사람들을 구해내고 치료하며 테러 세력의 만행을 세계에 알리고 게다가 분쟁 지역 아동들을 위해 임시 학교를 운영하는 등 감동과 도전의 이야기가 너무 많다.

그중 선교와 관련하여 내게 가장 기억에 남는 이야기는 이라크인 모하메드가 천천히 말했던 "디스 배리 빅"(This very big)이라는 말이다.

ISIS가 점령한 이라크 모술 지역 최전선에 있던 이라크 군인 모하메드는 아시아 사람들이 그곳에 목숨을 걸고 도우러 온 것이 놀라워서 질문한다. "이 사람들은 어디에서 왔나요? 중국? 한국?"

아시아에서 누군가를 도우러 왔다면 그것은 당연, 중국, 한국, 일본 등 나름 아시아에서 경제력이 높은 나라일 것이라는 추측이었다.

영화의 그 질문을 듣는 내게 양가감정이 생겼다. 한편 한국이 누군가를 도우러 가는 국가로 인식된다는 기쁨도 있었지만 이제 한국이 돕는 것은 당연하게 여겨지기에 한국 교회의 선교는 더 어려워지겠다는 걱정이었다.

아프가니스탄에서 사역할 때 정말 헌신적이고 인간적으

로 너무 성숙한 서구 선교사들이 서구라는, 이미 잘 사는 나라라는 전제 때문에 현지인의 마음에 접근하는 일이 훨씬 어려운 것을 보아 왔고 당시 나는 비교적 한국 사람으로는 초기였기에 한국 사람이 아프간에 왔다는 것만으로도 절반은 유리한 위치에 서는 것을 경험했기 때문이다.

모하메드의 질문에 "아니요. 저들은 버마에서 왔습니다"라고 누군가 말해 준다.

미얀마라는 국가명은 독재 정권이 개명한 이름이기에 사람들은 이전 이름인 버마라는 국가명을 선호하는가 보다.

저들이 중국, 한국, 일본 등 도움을 줄만한 나라에서 온 것이 아니라, 아직도 분쟁 중이고 게다가 핍박을 받는 소수 종족에서 온 사람들인 것이 모하메드에게 놀라운 일이었다. "뭐라고 버마?"

그 다음 말은 그가 말한 영어 그대로 옮겨본다. "They need help and they help us? This very big!"

K-Power는 양면을 가지고 있다. 한국 여권으로 갈 수 있는 나라가 많아지고 한국어를 배우려는 사람이 많아지고 한국 드라마와 K-pop을 좋아하는 사람들이 많아진다는 것

은 한편 선교의 접촉점이 많아진다는 유리함이 있다.

하지만 기본적으로 낮음과 연약함과 겸손을 전제로 하는 진실한 선교의 속성을 생각할 때 유리하기만 한 조건은 아니다. 불가능하지는 않겠지만 뼈를 깎는 노력이 필요하다. 이전보다 더욱 뽕을 빼야 하고 어깨를 더 내려야 하고 무릎을 더 꿇어야 한다.

한국 교회의 선교가 현지인들의 눈에 힘이 넘치는 그래서 새로운 식민의 모습으로 비춰지지 않아야 한다. 한국인을 부러워하고 한국어를 배우고 싶어 하고 한국 물건을 가지고 싶어하고 한국의 여러 아이돌 그룹을 좋아하는 것을 말릴 필요는 없고 말릴 수도 없을 것이다.

하지만 그들에게서 부러움이 아니라 저들의 내면 깊은 곳에서부터 우리를 보며 '디스 배리 빅!' 할 때까지 우리는 내려가야 한다. K-Power를 기회로만 생각해서는 안 된다. 기회를 감사하되 선교의 방향은 더욱 연약하고 낮아지는 것임을 꼭 기억해야 한다.

이처럼 추앙하사

태초부터 계신 영원한 말씀이 한계를 가진 인간의 모습으로 오신다는 것 그리고 그 분에 대해 어휘가 부족한 인간의 언어로 표현한다는 것은 무한을 유한으로 표현하는 것이기에 사실 불가능한 일이다. 그 불가능을 하나님께서는 위험을 무릅쓰고 하셨다.

그 표현된 유한을 보는 우리 인간은 어마어마한 상상이 필요하다. <나니아 연대기>나 <반지의 제왕> 같은 판타지가 현실과는 멀어 보여도 어쩌면 무한이라는 실제와는 더 근접해 있을 것이라 추정해 본다.

하나님께서 이스라엘 백성에게 진리를 설명하기 위해 많은 상징들을 사용하신 것과 같이 사도들과 초대교회도 그리스도를 표현하기 위해 새로운 개념에 맞는 용어들을 만들어야 했기에 세상에서 이미 사용되던 용어, 심지어 기독교의 입장에서 부정적일 수 있는 용어를 가져와 새로운 의미를 불어넣었다.

앤드류 월스라는 학자는 이를 가르켜 상징 빼앗기(symbol theft)라고 불렀다.[1] 대표적으로 '주 예수'라고 할 때 '주'에 해당하는 '퀴리오스'가 바로 세상의 용어이고 그 단어를 사용할 때 어떤 다른 것을 연상하게 되지만 그것을 가져와 예수 그리스도를 표현하는 데 사용했다.

왜냐하면 '기름부음을 받은 자'라는 '그리스도'가 유대인에게는 이해되는 용어이지만 이방인들에게는 특별한 의미를 주지 못했기 때문이다. 만일 태국에서 '기름부음을 받은 자'라고 말하면 마사지를 연상했을지 모른다.

그래서 새로운 상황에서 상징 빼앗기를 통해 새로운 개념을 표현한 것이다. 그럼에도 불구하고 이렇게 새로 만들어진 용어들도 시간이 지나면 다시 오염이 되고 영원한 말씀,

그리고 그가 행하신 행동을 표현하기에 참 부족하고 답답함을 느끼게 된다.

* * *

박해영 작가는 작가의 예민함으로 그렇게 오염된 용어 속에 가려진 의미를 되살렸다. 작가는 <나의 해방일지>라는 드라마를 통해 남녀의 단순한 멜로적 사랑이 아니라 아가페적이고 구도적인 사랑을 표현하기 위해 기존에 사용하고 있는 사랑이라는 용어 대신 다소 부정적으로 사용되어 왔던 '추앙'이라는 용어를 꺼내어 새로운 의미를 입혔다.

말하자면 이단 교주에게나 사용할 법한 '추앙'이라는 단어(상징)를 '빼앗아' 지금 흔히 쓰고 있는 사랑이라는 말보다 더욱 깊은 사랑을 표현했다.

어둠으로 가득한 구씨라는 인물에게 '나를 추앙하라'고 말하는 주인공 미정은 어느 교주의 말이 아니라 '나를 사랑하라'고 하시는 예수님의 마음을 닮아 있다. 왜냐하면 그 추앙의 전제는 자신이 먼저 구씨를 추앙하기 때문이다.

드라마 속 '추앙'은 아무런 조건을 가지고 있지 않다. 구씨가 더 나아지지 않고 알코올 중독에 계속 있을지라도 그를 추앙해 주기 때문이다. 그리고 그런 추앙을 받으면 결국 변하지 않을 수 없기 때문이다.

드라마를 보는 내내 나는 성경이 말하는 사랑을 이 드라마가 보여주는 추앙으로 바꾸어야 더 의미가 분명해진다는 생각을 했다.

예를 들어 "우리가 아직 죄인 되었을 때에 그리스도께서 우리를 위하여 죽으심으로 하나님께서 우리에 대한 자기의 **추앙**을 확증하셨느니라"(롬 5:8 참조) 또는 "하나님이 세상을 이처럼 **추앙**하사 독생자를 주셨으니 이는 그를 믿는 자마다 멸망하지 않고 영생을 얻게 하려 하심이라"(요 3:16 참조).

<나의 해방일지>에서 미정이라는 인물이 어둠 속에 있는 구씨를 향해 이렇게 무조건적인 추앙을 해 준다. 그리고 이 작가의 전작인 <나의 아저씨>[2]에서는 40대의 박부장이 온갖 어려움 속에서 자라나 세상에 원한을 품은 20대 '지안'에게 이렇게 '내 편'이 되어준다.

공통점은 <나의 해방일지>의 미정이나 <나의 아저씨>

의 박부장이 사회적 기준으로 볼 때 적응을 잘하거나 유능한 사람은 아니라는 거다.

작가는 유능이 세상을 바꾸기보다는 바르고 따뜻한 것이 세상을 조금씩이라도 변화시켜 간다는 것을 말하고 싶은 것 같다.

* * *

우리가 몸담고 있는 '선교' 역시 유능에 의해서가 아니라 바름과 따뜻함에 의해서 한 걸음씩 나아간다고 생각한다.

사역하는 곳에서 조건에 상관없이 비록 변화의 조짐이 전혀 보이지 않을지라도 현지의 형제 자매들을 '추앙'해 주고 '편'이 되어주는 사역자들로 인해 그들의 삶에 조금씩 꿈틀거림이 있으리라 믿는다.

얼마 전 한 선교사로부터 받은 기도편지의 몇 문장이 현지에서 일상을 살며 만나는 이들에게 그 '추앙'을 보여주는 듯해 인용한다.

저는 요즘 일상의 작은 재래시장에서 흥정을 하지 않습니다. 심방을 하려니 과일이 필요해서 과일을 사러가면 그 옆에 아주 작은 난전 야채주인이 부러운 듯 바라보는 것이 미안해 다음날은 일부러라도 뭔가를 사주러 갑니다. 하루의 일용할 양식을 저들의 식탁에 허락해 주시길 바라는 마음으로… 모두가 하고 있는 일들에 대해 존중을 받았으면 좋겠습니다.

수유 생고기 집

음식점 하나를 소개할까 한다. 무슬림을 대상으로 사역하시느라 돼지고기를 먹기 어려운 분이나 고국의 삼겹살을 그리워하는 사람들은 읽지 않는 것이 좋을 것 같다는 경고를 미리 드린다.

수유 생고기는 내가 사는 동네에 있는 고깃집이고 나는 갈 때마다 늘 오겹살을 주문한다. 그리고 먹으면서 교회와 선교지에서 우리의 태도가 어떠해야 하는지 어떤 공동체가 되어야 하는지를 생각한다.

우선 그 집의 풍경이다. 그 집의 메뉴는 생고기다. 오겹살을 제일 위에 적어 놓았다. 일하시는 분은 연세 드신 주인 아주머니 한 분 그리고 뒤늦게 나오시거나 혹은 안 나오시는 남편 되시는 아저씨다. 그러니까 대부분 아주머니 혼자 하신다.

손님이 앉을 수 있는 테이블은 7개 정도 되는데 그나마 한 개는 잡동사니 물건들을 올려놓아서 실제로는 6개만 가지고 운영된다.

그러다 보니 실제 셀프는 아닌데도 불구하고 대부분의 일들을 손님들이 스스로 알아서 하는 셀프 시스템이 되고 말았다. 심지어 조금 익숙한 손님들은 다른 테이블 손님을 서비스하기도 한다.

테이블이 적다 보니 왔다가 그냥 가는 손님들이 꽤 된다. 거의 다 먹은 손님을 재촉할 만도 한데 절대 그러지 않는다.

얼마 전에도 나와 아내는 마지막으로 볶아 먹는 밥이 얼마 남지 않은 상황이었는데 어떤 손님이 와서 자리 없냐고 물으니 주인 아주머니가 죄송하다고 자리 없다고 했다. 그래서 내가 급히 손을 들고 "여기 5분 안에 자리 나니까 조금만 기다려 달라"고 했다. 주인 아주머니가 내게 와서 "천천히 드시라"고 하면서 작은 목소리로 "난 기다리는 사람이 제일 싫어"라고 해서 '이건 뭐지?'라고 생각했다.

어떤 손님은 지나가다가 문 앞에서 "오늘 왜 이렇게 늦게 열었어요. 한참 기다리다 할 수 없이 다른 데서 먹었잖아요. 에이 어제도 안 열더니…" 그러고는 갔다. 생각해보니 내가 조금 늦게 저녁을 먹으러 왔는데 아무도 없었던 것은 그때 막 문을 열었기 때문이었다. 우리가 들어오고 나서 곧 모든 테이블이 찼다.

저녁에만 문을 여는데 아주머니는 자신이 놀고 싶은 것 놀고 오느라 늦게 문 열 때도 절대 예약 전화를 받지 않는다. 고기를 좋아하지 않는 아내도 그 집 가자고 할 때는 거의 거절하지 않는다. 말하자면 가고 싶은 집이다. 이렇게 작은 고깃집이 매력 있는 이유를 몇 가지 생각해보았다.

* * *

1) 맛있는 고기

일단 고기가 맛있다. 아무리 다른 것이 좋아도 맛이 없으면 꽝. 우리 선교는 이걸 염려할 필요는 없다. 고기를 공급하시는 분이 하나님이시라 복음은 최고의 질을 보장하니까.

2) 크지 않은 집

모든 테이블에 주인 아주머니의 손길이 계속 닿고 있다. 주인은 돋보기 쓰고 카운터에서 이리저리 둘러보고 아르바이트 학생들이 왔다 갔다 하는 식당과는 서비스의 질이 다르다.

6개 테이블에 부족한 것(손님이 직접 갖다 먹을 수 없는 것들만)을 갖다주면서 테이블의 사람들과 물리적으로 그리고 마음적으로 계속 교류가 일어난다.

3) 주인의 손길

위에도 언급했듯이 주인 아주머니가 직접 테이블에 주시는 것이 있는데 야채다. 김치나 상추 같은 것은 셀프가 가능하지만 그때그때 바로 만들어 주는 것이 두 가지 있다. 하나는 콩나물 무침이고 다른 하나는 파와 깻잎을 함께 절인 파절이인데 그 신선도가 최고다.

그걸 부족할 때마다 작은 앙푼에 바로바로 만들어서 주는데 그러다 보니 주인과 손님이 교류하는 횟수가 많다. 다른 테이블에 갈 때도 좁은 식당이라 계속 눈을 마주치게 되고 하여간 주인의 터치가 많은 식당이다. 내 아내는 사실 그 신선한 야채가 좋아 그거 먹으러 간다.

4) 참여

주인 아주머니 혼자 하기에는 사실 버거운데 손님들이 종업원처럼 한다. 일반 식당의 셀프 개념과는 조금 다르게 본인들이 참여하고 심지어 단골 손님들이 처음 온 다른 테이블 손님들을 섬기기도 하면서 식당을 같이 운영하는 것 같은 마음으로 한다.

내가 다 먹고 돈을 내려고 하는데 주인 아주머니가 옆 테이블에 앉아 손님과 이야기를 하고 있길래 계속 말씀하시라고 내가 "신용카드 결제 셀프로 할 수 없어요?"라고 물었더니 식당 손님 모두가 크게 웃었다.

그 후로는 늘 나보고 알아서 결제하라고 한다. 화장실은 밖으로 나가서 조금 가야 하는데 번호 키가 있다. 누군가 화장실을 물었더니 손님 중 한 분이 번호를 가르쳐 주었다.

* * *

그곳에서 먹을 때마다 '난 앞으로 교회를 개척하면 저렇게 할 거야'라고 다짐한다. 물론 교회가 아니라 선교사로 은퇴하겠지만 말이다.

젊은 남녀 둘이서 고기를 먹고 마지막에 밥을 볶아 달라고 주문하는데 사실 고기도 1인분이 적지 않아서 둘이 2인분 먹으면 밥 한 공기만 볶아도 많다. 그런데 그 두 남녀는 고기도 2인분을 더 먹은 것 같았다.

그런데 "사장님 밥 2개만 볶아 주세요"라고 했다. 옆에 있던 나도 놀랐다. 그러자 주인 아주머니가 웃으면서 "밥 2개는 많지 않겠어?"라고 했다. 말이 채 끝나기 전에 자매가 "지난번에도 먹었어요!"라고 해서 모두 같이 웃었다.

에피소드가 끝이 없다. 리더십, 교회, 선교와 관련하여 찬찬히 반추하고 적용할 것이 많은 식당이다. 백문이 불여일견. 한 번 방문해 보시라.

우리 사무실 근처에도 고기가 맛있는 집은 여러 곳이 있다. 그럼에도 가끔은 먼 이 집까지 손님을 모시고 가고 싶은 이유는 고기 맛 때문만이 아니라 주인 아주머니와 그분의 섬김과 그 모든 것이 어우러진 분위기 때문이다.

우리의 사역도 그리고 우리 자신도 누군가 이렇게 소개하고 싶은 그리고 누군가 이렇게 만나보고 싶은 그런 사람과 사역이 되기를 바란다.

오징어 게임

한때 <오징어 게임>이 말 그대로 온 세상의 안방을 휩쓸었다. 복음이 온 세상을 휩쓸 날을 고대하며 넷플릭스가 선교에 대해 시사하는 바가 적지 않기에 몇 가지 생각해보려 한다.

* * *

1) 전통을 탈피하고 시세를 읽다

아마 가장 쉽게 생각해 볼 수 있는 부분은 기존의 전통을 벗어나 시세를 읽은 것이라 하겠다.

동네마다 블록버스터라는 비디오 대여점이 깔려 있던 시대에 DVD 온라인 대여(온라인으로 주문받고 우편으로 DVD를 보내는 방식)라는 생소한 사업에 손 댄 것은 당시 각 가정에 DVD 플레이어가 많이 없던 시절이라는 것을 고려할 때 혁신적이지만 매우 위험한 일이었다.

지금은 DVD 실물을 보내지 않고 인터넷을 통해 볼 수 있는 시대가 되었으니 변화하는 시세를 읽지 못했다면 가능할 수 없었을 것이다.

대여점을 가지고 있던 블록버스터가 그 오프라인 매장으로 인해 오히려 혁신을 하기 어려웠다는 점을 생각하면 넷플릭스를 시작한 헤이스팅스와 랜돌프의 혜안이 빛난다.

하지만 이런 경우는 다른 사업에도 많이 있기에 놀랍지만 그리 감동적이진 않다. 그저 미국 예화 좋아하는 어느 목사님의 설교에나 나올 법한 이야기다. 내게 놀라운 것은 그다음 두 가지다.

2) 오리지널

<오징어 게임>은 '넷플릭스 오리지널 콘텐츠'다. 즉, 넷플릭스가 만들었다는 뜻이다.

넷플릭스는 원래 DVD 대여 사업이었고 후에 스트리밍으로 전환한다. 인터넷의 보급 확장과 속도 향상으로 가능하게 된 것이다. 말하자면 인터넷 기반이긴 하지만 영화 유통 사업인 셈이다.

영화가 나오면 그것을 계약하여 유통하는 일을 하는 것이다. 그래서 콘텐츠 제작사들과의 계약이 만료되었을 때 터무니없는 가격을 요구하거나 아예 재계약을 맺지 않으면 콘텐츠를 사용할 수 없게 된다.

그래서 2010년대에 들어서면서 소위 '넷플릭스 오리지널 컨텐츠'라고 부르는 영화, 드라마 등을 제작하기 시작한다. 유통업자에서 제작자, 소유자로 변하는 거다.

헐리우드 영화가 대세인 상황에서 영화 제작에 직접 손을 대는 것은 만만한 일이 아니었을 것이다. 쓸데없는 일이라 손가락질도 많이 받았을 것이다.

선교사 수가 많은 것으로는 몇 손가락 안에 들지만 선교신학이라는 소위 개념설계 역량이 부족한 우리의 현실을 돌아보게 된다.

프로젝트를 벌이는 소위 실행 능력에만 뛰어난 우리의 선교 현실은 서구의 선교(업)계가 만들어 놓은 선교 운동의 행동 대장 역할에 열을 올려 왔다.

하지만 원천 기술이 부족하고 오리지널 컨텐츠가 부족할 때 미래는 암울하다. 오리지널 컨텐츠는 물론 말씀에서 나오지만 그만큼의 성찰이 필요하다.

3) 오징어 게임

넷플릭스가 한국 영화인 <오징어 게임>을 '넷플릭스 오리지널'로 제작하고 대박을 터뜨릴 수 있었던 이유가 뭘까? 나는 그들이 위에 말한 것처럼 먼저 오리지널 제작을 시작하면서 그에 대한 개념을 가졌기 때문이라고 본다.

다시 말하면 스스로 자기 영화를 만드는 시각과 경험이 있었기에 다른 사람이 자신의 시각으로 영화를 만드는 것을 도울 수 있었다는 말이다.

이를 요즘 사용하는 패러다임 용어로 '다중심'(poly-centric)이라고 한다. 한 곳에 중심을 만들어 놓고 나머지를 모두 지부처럼 만들어 버리는 소위 변질된 '국제'(international) 대신 모두가 중심이고 함께 연합하는 진정한 의미의 상호(inter-) 존중과 의존이다.

물론 <오징어 게임>에 나오는 게임들이 한국의 게임들이긴 해도 이 영화가 아주 순도 높은 전통적인 한국 영화라고 말하긴 어렵다. 여러 요소들이 국제적으로도 통하도록, 즉 이미 할리우드의 방식에 길들여진 부분이 있기에 가능했을 것이다.

그런 의미에서 각 나라의 요소를 담긴 했으나 세계의 보편 가치(좋은 가치인지는 의심이 되지만)로 편입되는 면이 많다. 게임이 아니라 한국의 중요한 가치가 더 전해지고 나누어지는 영화들도 앞으로 많이 나왔으면 좋겠다.

4) 무엇이 남았을까?

오리지널과 다중심은 선교계에서 실행이 많이 되지 않았지만 개념은 이해하고 있는 부분이다. 그렇다면 넷플릭스의 다음 행보가 궁금해진다. 그것을 통해 시세를 읽을 수 있기 때문이다.

<프리 버마 레인저스>라는 영화를 앞에서 소개했는데, 버마와 이라크에서 전쟁으로 인해 피해를 입는 사람들을 구해내는 선교사와 그 팀들에 대한 다큐 영화다. 넷플릭스, 네이버, 카카오와 같은 플랫폼들이 많은 사람들을 그 안으로 끌어들였으니 이제 다음 단계로는 좋은 세상을 위해 이런 다큐를 널리 알리고 좋은 세상을 만드는 일에 열정을 품었으면 좋겠다.

* * *

주님이 꿈꾸는 세상은 우리가 만나는 한 사람 한 사람과의 깊은 교제를 통해 이루어진다. 선교는 그 한 사람 한 사람을 위해 플랫폼이 되어 주는 일이다.

남의 것을 가져다 쓰는 유통 플랫폼이 아니라 오리지널 컨텐츠가 있고 또 다른 사람들이 자신의 오리지널 이야기를 쓸 수 있도록 도울 수 있다면 하나님의 나라는 수많은 이야기들이 모인 방대한 이야기가 될 것이다.

빠져야 할 때

　　나이를 먹었다는 것을 실감하는 경우가 일상에서 많이 생기지만 소소한 경우 말고 결정적으로 느낄 때도 있는데 나는 아마 몇 해 전 경험이 그 경우에 해당하는 것 같다.

　　운동을 좋아하는 내게 가장 자신 있는 운동을 꼽으라면 족구다.

　　군에 갈 때까지만 해도 족구를 몰랐다. 그런데 훈련소에서 족구를 잘하는 동기들은 고된 훈련 대신 족구하러 가는 특혜(?)가 있는 것을 보고 부러웠다. 서해 북단 백령도로 배치를 받은 후 일상처럼 족구를 했다. 공격에 재능을 발견하고 늘 공격수의 자리에 있었다.

제대 후 복학을 하고 학교에서도 시간이 되는 대로 족구를 했다. 당시는 복학생들이 족구를 많이 하던 시절이었다.

졸업 후 직장 생활로 족구를 잠시 쉬었지만 신학대학원에 진학하고 다시 족구를 했다. 군대만큼이나 족구를 많이 한 시기가 신학대학원 시절이었다. 심지어 신대원 친구들은 우리 그룹을 운동권(?)이라고 불렀다. 지금도 목회를 하고 있는 그 운동권 친구들과 자주 만난다.

교회, 노회, 학교에서 체육대회에 족구가 있으면 늘 선수로 출전을 했고 나름 여러 기술로 감탄을 자아내기도 했다. 그런데 선교사로 나가면서 족구할 기회를 갖지 못했다.

* * *

몇 해 전 파송교회에서 선교대회가 있었다. 교회 교역자들과 귀국한 선교사들 사이에 밥 내기 족구 경기를 하게 되었다. 교역자들이 젊고 족구를 잘하기도 했지만 선교사 팀 역시 만만치 않았다.

해병대 후배인 선교사가 수비를 든든히 맡고 있어서 해 볼만한 경기였다. 나도 물론 늘 하던 대로(?) 공격을 했다. 나이가 든 선교사 치고는 공격을 제법 했기에 감탄사도 여기 저기서 들렸다.

하지만 계속 지기만 했다. 될 것 같은데 이상하게 안 되었다. 누구를 교체해야 되나 하고 생각하면서 다른 후배들의 위치를 바꾸어 보기도 했으나 마찬가지였다.

그러다가 문득 '내가 빠져야 되는 게 아닌가?'라는 생각을 했다. 내가 빠지면 점수 차이가 더 날 것이라는 염려와 기대(?)를 하면서 일단 물러났다.

수비를 하던 해병대 후배가 공격을 맡고 다른 선교사가 수비로 들어갔다. 그러자 경기가 제법 팽팽하게 되었다. 수년 만에 귀국하여 모인 선교사 팀이 늘 교회에서 족구를 하는 교역자 팀을 결국 이기지는 못했지만 내가 빠지고 나서는 그런대로 해 볼만한 경기를 했다.

당시는 웃고 말았지만 다소 충격을 받았다. 이제껏 족구에서 내가 빠져야 하는 경우를 경험해 본 적이 없었기 때문이었다. 승리의 경험이 많았고 다들 그렇지만 한창때는 공격이 상당히 날카롭기로 유명했다. 그런데 내가 빠지니까 좋아지다니… 인정하기 힘들었지만 현실이었다.

나이가 들어버린 나의 공격은 족구를 웬만큼 하는 젊은 교역자라면 힘들이지 않고 받을 수 있었던 거다. 공이 네트에 걸리지 않게 엄청 발을 높이 들어 때렸다고 생각했는데 사실 기분만 그렇고 실상은 발이 제대로 올라가지 않아 번번이 공이 네트에 걸렸고 힘주어 '빵'하고 때린 공격도 기분만 그럴 뿐 실상은 '뽕' 정도에 불과했던 거다.

마음에서 완전히 동의가 되었고 그래서 더 충격이었다. 그 이후로 사실상 족구계(?)를 떠났다. 그리고 탁구로 전향하여 하수(?)의 길을 걷고 있다.

* * *

한 살 더 먹는다는 것은 어떤 영역에서는 원숙해지겠지만 자신이 빠져야 할 자리가 있다는 것도 생각해야 하는 시간이다. 남을 빼기 전에 나를 빼는 지혜가 있어야 한다.

수십 년을 사역하고도 아직 현지인에게 이양이 힘들다고 생각하겠지만 지금이 빠져야 할 때가 아닌지 한번 물어야 한다.

올바른 선교적 태도는 내가 빠져서는 안 되는 영역을 확장하는 것이 아니라 빠져도 되는 혹은 빠져야만 되는 영역을 늘려가는 것이다.

선교적 선교
Missional Mission

그동안 선교 강의가 있을 때만 가끔 사용하던 말을 아예 문자로 적었다. '선교적 선교'.

참기름 앞에 순, 진짜를 붙여야 하고 더 나아가 '국내산'을 붙여야 하듯 '선교' 앞에 '선교적'이라는 수식어를 붙인다는 것은 가슴 아픈 일이다.

교회 앞에 선교적이라는 형용사를 붙인 것도 사실 불필요한 일인데 급기야 선교 앞에 선교적이라는 형용사를 붙이게 되었으니 더욱 어처구니없는 일이다. 붙여야 할 이유는 뭘까?

'교회개척'이라는 말은 복음이 전해지지 않은 곳에 복음이 전해져 스스로 예배하는 자생적인 공동체의 형성이라는 뜻을 담고 있었다. 하지만 시간이 흐르면서 점차 교회개척은 선교지의 교회건축과 동일시되고 그렇게 축소와 왜곡의 과정을 거쳐 갔다.

최근에 방문한 선교지에서도 현지 종족이 스스로 자립할 수 있도록 시간을 들여 애를 쓰는 몇몇 선교사들로부터 어려운 이야기를 들었다.

갑자기 한국에서 목회하다가 느지막이 선교지로 온 목사들이 모여 현지에서 선교 단체를 결성했다고 한다. 그리고 주로 하는 일은 교회를 건축해 주는 일이라는 것이다. 그런 사람들일수록 한국 교회, 노회 등에 연줄이 많아 건축비를 비교적 쉽게 모금하는 것 같다고 했다.

기존 선교사들이 조금씩 현지인의 자립을 추구해 가고 있는데 상황이 이렇다 보니 자립의 열매를 맺는 데 상당히 방해가 된다는 말이었다. 이렇게 교회개척은 그저 내용 없이 교회를 건축하는 것과 거의 동일시되고 있는 상황이다.

성경번역의 예를 들어 보자. 성경번역은 하나님의 말씀을 자신들이 가장 잘 이해할 수 있는 언어로 가지게 됨으로써 하나님을 예배하는 공동체가 세워지는 것, 주님의 제자들이 세워지는 것을 포함하는 용어이다.

하지만 시간이 흐르면서 성경번역은 말 그대로 성경책을 번역해 주는 것으로 의미가 축소되다 보니 심지어 성경이 번역되어도 예배 공동체나 주님의 제자가 세워지지 않는 경우도 발생하게 된다.

만일 교회개척이 본래 의미에 맞게 진행된다면 그리고 성경번역이 원래의 의미를 충분히 지니면서 이루어진다면 사실 선교는 교회개척이라고 하든 선교는 성경번역이라고 하든 아무 상관이 없다. 이렇게 말하나 저렇게 말하나 모두 선교가 지향하는 온전한 의미에 잇닿아 있기 때문이다.

하지만 그런 용어들이 전체의미를 상실하고 교회건축, 성경책의 번역 등 아주 좁은 영역의 선교 유형을 의미하게 되자 선교의 빈 공간이 많아지게 되었고 그 공간을 채우기 위해 다양한 유형들이 나오기 시작했다. 비지니스 선교, 단기 선교, 의료 선교, 무슨 무슨 선교 등등.

다양한 이름을 가진 선교가 나왔지만 단지 유형이 확대되었을 뿐 어느 것도 선교라는 단어가 본래 지녔던 온전한 의미를 회복하지는 못했다.

그래서 이제 선교는 다시 본래의 의미를 회복해야 한다는 의미에서 '선교적'이라는 수식어를 사용하게 된 것이다.

교회건축이 아니라 선교적 교회개척, 성경책의 번역이 아니라 선교적 성경번역, 비지니스를 열어 이익이 남으면 성공하는 것이 아니라 진정한 의미에서 선교적 비지니스, 이렇게 본래의 의미를 회복하자는 의미이다.

기왕에 삶을 바쳐 헌신하는 선교라면 온전하고 의미 있으며 바른 선교를 지향해야 하지 않을까? 선교사라는 이름을 가지고도 전혀 선교적이지 않은 분들이 혹 주변에서 방해가 되고 있을지라도 나 한 사람만이라도 흔들림 없이 옳은 길을 갈 수 있기를 진심으로 응원한다.

어떤 유형의 선교를 하던지 상관없이 그 앞에 '선교적'이라는 수식어를 붙이지 않아도 본질에 맞닿아 있는 그런 선교, 그런 선교적 태도를 항상 지향할 수 있으면 좋겠다.

칼로 찌르는 자

아주 오래전 아부다비를 방문한 적이 있다. 그때 아부다비 루브르 박물관이 공사 중이었고 밖에 걸린 설계도 설명에 빛을 마치 비가 내리는 것 같이(rain of light) 건축한다는 것을 보고 신기해했었다.

그리고 세월이 지나 건축된 아부다비 루브르 박물관을 가 볼 기회는 없었지만, 사진으로 보고 참 멋지다고 생각했다. 프랑스의 세계적인 건축가 장 누벨(Jean Nouvel)의 작품으로 알고 있다.

* * *

얼마 전 우연히 한 건축가의 강의를 듣게 되었다. 한국인인 그는 프랑스 장 누벨의 회사에 입사하여 함께 일하다 이제 귀국하여 건축회사를 운영하고 있는 건축가였다. 강의에서 프랑스 회사에 입사하던 때의 에피소드를 이야기해 주었다.

5개의 건축설계 프로젝트를 만들어서 장 누벨과 면담을 하도록 되어 있었다고 한다. 4개까지는 나름 만족스럽게 작품이 나왔는데 마지막 작품이 잘 떠오르지 않고 시간은 촉박해서 그냥 주변에 있는 것들을 모아 대충 만들고 누군가 먹고 버린 망고 껍데기가 있길래 그걸 엎어 씌우고 보기 흉해서 흰색 칠을 했다고 한다.

장 누벨이 왔고 제발 4개에만 관심을 갖고 이야기해 주기를 바랬는데 마지막 것을 지목하며 이야기를 꺼내길래 너무 부끄러워 "선생님 죄송합니다. 그냥 앞에 있는 4개만 봐주시면 안 될까요?"라고 했더니 "한 번만 더 내 말을 자르면 너를 잘라버리겠다"라고 하더란다. 사람도 좋고 실력도 좋은 사람 만나기가 이렇게 어려운 건가?

그러면서 이렇게 이야기하더란다.

앞의 4개가 당신 눈에 좋아 보이는 것은 익숙하기 때문이고 마지막 것이 자신 없는 이유는 이전에 보지 못하던 것이기 때문이다. 새로운 것은 이런 낯선 것에서 나오는 것이다.

그러더니 장 누벨이 칼을 가지고 와서 그 망고 껍데기를 '푹푹' 찔렀다. 그 사이로 빛이 들어갔다. 결국 이 허접하고 자신 없던 마지막 작품이 발전하여 '빛의 비'라 불리는 아부다비 루브르 박물관이 탄생하게 되었다는 이야기였다.

* * *

이미 묵상이 되었으리라 생각한다. 때로 우리 스스로 낯설게 여기는 것으로부터 새로운 것이 나올 수 있다는 이야기다. 더 나아가 우리가 섬기는 현지 공동체가 스스로 부끄럽게 여길지도 모르는 생각과 실천들 그리고 그들 스스로의 성찰이 비록 낯설어도 사실은 바로 그것이 하나님에 대한 새로운 이해로 가는 길일 수 있다.

새로운 시대에 선교사의 태도와 역할은 칼을 들고 푹푹 찔러주는 것이라고 생각하게 된다. 현지인의 새로운 생각에 난도질을 하는 태도와 역할이 아니라 거기에 구멍 몇 개를 내어 너무나 멋진 자성(自省)과 자신학(自神學)의 길로 가도록 하는 안내자로서의 태도와 역할이다.

다만 그 칼이 혹 잘못 사용되어 주변에 피 흘리는 사람들이 생기지 않도록 넉넉한 인품이라는 칼집도 함께 준비해야 한다는 사실을 잊지 않으면서 말이다.

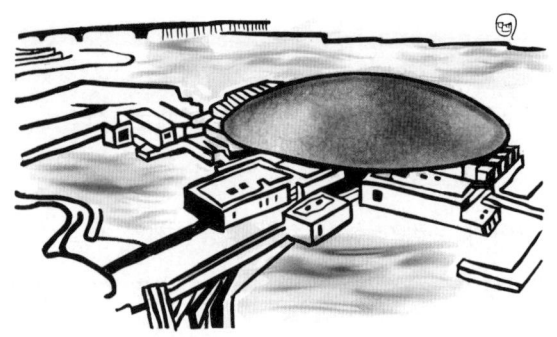

선교적 태도를 마무리하며

　　선교에서 태도의 중요성을 깨닫게 된 것은 드러내 놓고 전할 수 없는 선교지 환경을 경험하면서부터였다. 말로 무언가를 하는 것이 제한된 상황에서 삶의 태도, 사람을 대하는 태도 등은 곧 소통의 방식이었다.

　　종족 마을에서 사역할 당시는 탈리반 정권 시절이라 여성의 경우 아주 어린 아이가 아니면 집 밖에 나오는 것이 제한되었다. 마을을 걸어 다니면 남자 아이들은 졸졸 따라다녔고 여자 아이들은 집 안에서 흙담 너머로 보곤 했다.

비록 어른들과 함께 다니며 이것저것 사역을 했지만 뒤에서 혹은 담 너머로 보는 아이들에게 나는 어떻게 비칠까 하는 생각을 늘 달고 다녔다. 아이들에게 나의 모습, 나의 태도가 곧 한국인 그리고 기독교인으로 여겨질 수 있기 때문이었다. 언젠가 그 아이들이 좀 더 자유롭게 복음을 들을 수 있는 기회가 있을 때 오래전 마을을 걸어 다녔던 나의 태도와 모습이 방해가 되지 않아야 한다는 생각을 했다.

요즘은 단기 선교를 가는 팀을 만날 기회가 있을 때 이렇게 이야기하곤 한다.

> 여러분이 태권도를 준비하고 부채춤을 준비하고 워십을 준비하고 다양한 준비를 해서 섬기려고 가는데 과연 여러분이 현지인과 현지 아이들에게 보여주고 싶은 것만 그들이 볼까요? 그들은 무엇을 볼까요? 무대 위의 모습만이 아니라 어쩌면 여러분의 화장을 보며 한국 화장품을 부러워할지 모르죠. 무대 위에서 내려와 잠시 쉬는 시간에 쥐어 든 핸드폰을 볼지 모르죠. 여러분이 맞춰 입은 유니폼을 볼지 모르죠. 그들이 과연 여러분의 무엇을 보는지 인식해야 합니다.

말이 안 통할 때는 더욱 모습과 태도를 통해 메시지를 읽는다. 태도는 소통의 도구가 아니라 그 자체가 소통이다. 그리고 태도는 문화와도 긴밀한 관계가 있다. 선한 의도가 자칫 문화적으로 잘못된 태도로 읽혀 오해를 사기도 한다.

아프간 사람들은 인사가 아주 발전된 문화를 가지고 있다. 옛날에 우리도 길에서 사람을 만나면 집에서 차 한잔하고 가라는 인사를 하곤 했다. 지금은 집에서 하자는 말은 안 해도 길에서 만나면 '커피 한잔 하실래요?' 정도의 인사는 한다. 아마 젊은 세대는 실제로 마실 의향이 없으면서 인사치레로 하지는 않을 것이다.

그런데 아프간은 우리 옛 문화 곱하기 100정도의 인사 문화를 가지고 있다. 아침에 길에서 만나면 집에 가서 식사하자는 것은 기본이고 심지어 집에서 자고 가라고 인사한다. 처음엔 상당히 당황했다. 저녁도 아니고 오전인데 자고 가라고?

나중에 그것이 인사임을 알고 "네, 너무 친절하시네요"라고 응답해야 함을 알았다. 물론 가겠다는 말은 아니다. 하지만 내 입에서는 아침부터 '우리 집에서 자고 가라'는 인사는 끝내 나오지 않았다.

　이런 문화이니 혹 식사 중에 누가 찾아오면 무조건 식사하자고 초청해야 한다. 나는 인사만이 아니라 실제로 그럴 의지도 있었다. 그런데 가정의 개인 시간이 중요한 서구 선교사들은 식사 시간에 누가 찾아오면 아주 예의를 갖추어 "미안합니다. 가족이 식사 중이니, 조금 후에 오실래요?" 혹은 "내일 사무실에서 뵐까요?"라고 응답한다.

　차라리 식사 중이란 말을 하지 않았으면 좋았을 텐데 식사 중인데 들어와 먹으라는 인사를 하지 않음으로 오해가 생기기도 한다.

　현지인 형제에게 이런 응대가 얼마나 섭섭한 것인지 친해지고서야 들을 수 있었다. 그러니 바른 태도를 보이려면 상대방 입장에서 보는 문화 감수성이 필요하다.

　진실한 마음과 올바른 문화 인식이 합해져야 바른 태도를 보일 수 있고 바른 태도가 곧 소통이므로 선교적 태도는 선교가 어려운 지역일수록 더욱 중요해진다.

4
선교 개념 성찰해 보기

수입과 모방 그리고 수출의 전통을 가진 우리 산업의 패러다임은 한국 교회의 선교에도 그대로 적용되었다. 선교가 <u>스스</u>로 일어났다기보다는 서구, 특히 미국 서부의 선교 운동이 수입되어 시작된 경험을 가진 한국 교회의 선교는 서구 혹은 국제에서 생산되는 선교 개념이나 선교 운동의 용어들이 그대로 직수입되었다.

그리고 모방의 과정을 거쳐 실행자로서의 선교사들을 수출하는 모양새를 갖추었다. 그리고 수출 대국답게 한때 제2위의 선교사 파송국가를 자랑스럽게 이야기하곤 했다.

한때 '미전도 종족 입양운동'이라는 것이 있었다. 당시 미국 사람들에게 입양은 잘 알려진 개념이기에 그들이 이 용어를 사용하는 것은 무리가 없었다. 입양이라는 용어에 담긴 의미를 충분히 이해하고 있었기 때문이다.

하지만 당시 한국에서 입양은 곧 아이를 다른 나라로 입양 보내는 개념이었지 가정에서 입양을 하는 문화가 아니었다. 그래서 '미전도 종족 입양 운동'이 소개될 때, 마치 아이를 입양하듯 한 미전도 종족을 품고 기도하고 그곳에 복음이 전해지도록 다양한 노력을 하겠다는 헌신을 제대로 이해하지 못하는 경우가 많았다.

심지어 종족 아이들을 한국으로 입양해 오는 것으로 착각하여 '그 종족 아이들을 여기 한국으로 입양해서 어떻게 하냐?'라는 웃지 못할 질문을 받기도 했다.

만일 그때 '입양'이라는 용어 대신 '미전도 종족 교회개척 운동'이라고 했으면 더 많은 교회들이 참여하면서 선교를 알게 되었을 것이다. 그때만이 아니라 지금도 이렇게 수입된 용어를 성찰 없이 사용하는 경우가 많다.

이번 장에서는 그렇게 현재 사용하는 선교 개념 혹은 선교 용어를 하나의 사례로 살려 보려고 한다. 그래서 앞으로 어떤 새로운 용어가 우리에게 소개되더라도 형식이 아니라 의미를 먼저 이해하는 절차가 있기를 바란다.

하나님의 선교
missio Dei

선교라는 영어 단어 mission은 라틴어 *missio*에서 파생된 단어로 '보냄'이라는 뜻이다. 그러므로 미시오데이는 '하나님의 보내심'이라는 의미에서 요한복음에 나오는 "아버지께서 나를 보내신 것 같이"라는 말씀과 맥을 같이한다.

따라서 '하나님의 보내심'이라는 의미에서 미시오데이는 삼위일체 교리가 논의되던 초대교회의 어거스틴까지 그 흔적을 찾을 수 있다고 학자들은 말한다.[1]

하지만 오늘날 우리가 이해하는 선교적인 의미에서 그 용어를 사용하기 시작한 것은 20세기 중반이다.[2] 20세기 중반에 왜 이 용어가 등장했을까?

교회사가인 라토렛은 19세기를 '선교의 위대한 세기'라고 했다. 18세기 말에 윌리엄 캐리에 의해 근대적 의미의 선교가 시작되고 수많은 선교 단체와 학생운동이 일어나면서 19세기에 선교가 활발하게 전개되었다.

그 분위기가 20세기 초반에 그대로 이어져 1910년 스코틀랜드 에딘버러에서 열린 선교대회 때는 '이 세대 안에 세계복음화'를 주제로 하여 전 세계 복음화를 곧 마칠 수 있을 것으로 기대했다.

당시에는 잘 지적되지 않았지만, 이 분위기는 몇 가지 문제를 간과하고 있었는데 하나는 선교의 진보와 서구 식민 정책의 확산이 잘 분리되지 않다 보니 서구 문화의 진보와 선교를 동일하게 여기는 오류를 간과한 것이다.

다른 하나는 단체 중심의 선교가 이루어지면서 소위 '과업 중심', '전략 중심'의 선교로 치중된 것이다. '이 세대 안에 세계 복음화'는 가슴 벅찬 주제이지만 거기에는 '우리가' 이룰 수 있다는 자신감도 묻어 있었다. 게다가 그 '우리'는 대개 서구 중심이었지 전 세계 교회가 함께 하는 것도 아니었다.

대회를 마치고 몇 년 후 세계 1차대전(1914-18) 그리고 세계 2차대전(1939-45)이 유럽을 중심으로 일어났다. 한마디로 기독교 국가들 간의 전쟁이 시작된 것이다. 코로나 시대에 여러 성찰이 일어났던 것처럼 1차대전을 겪은 후 선교에도 깊은 반성이 일어났다. 그 반성에 도화선을 제공한 사람은 칼 바르트였다.

보쉬는 이렇게 설명한다.

> 1932년 브란덴베르그(Brandenburg) 선교 대회에서 칼 바르트(Karl Barth)는 선교를 하나님 자신의 행위로 주장한 최초의 신학자들 중의 하나였다… 바르트의 영향은 지대했다… 선교에 대한 그의 영향력은 국제선교협의회(IMC)가 개최한 윌링겐 대회에서 정점을 이루었다(1952). 하나님의 선교(missio Dei)라는 개념이 처음으로 표면에 떠오른 것이 바로 여기서였다.3

미시오데이라는 개념은 선교를 마치 '우리'가 이룰 수 있는 것으로 치우치게 이해한 선교계의 의도치 않은 교만에 대한 반성에서 나온 개념이고 동시에 선교의 내용이 성삼위 하나님의 속성을 반영해야 한다는 자각이라고 정리할 수 있다.

하지만 모든 용어들이 그렇듯이 한번 용어가 만들어지고 그에 대한 본래의 설명과 의미가 희미해지기 시작하자 용어 자체만 가지고 새로운 논의를 시작하게 되었고 미시오데이는 인간의 영역을 배제하는 방식으로 발전되었다.

그 결과 세상에서 일어나는 모든 일은 하나님의 섭리에서 진행되는 것이니 교회는 그것을 잘 관찰하고 참여하면 되는 것이라고 살짝 방향을 바꾸었다.

급기야 하나님께서 하나님의 백성을 통해 세상을 회복하는 역사를 진행하신다는 기존의 믿음을 (하나님>교회>세상), 교회와 관계없이 세상에 자신의 뜻을 이루어가시는 하나님으로 (하나님>세상>교회) 순서를 비틀어 주장하였다.[4]

요즘도 사용하고 있는 '참여'라는 단어는 전자의 맥락에서 사용하는 바른 참여도 될 수 있고 후자의 맥락에서 사용하는 왜곡된 참여를 의미할 수도 있다.

선교에서 교회의 역할을 축소시킨 왜곡된 선교 개념으로 인해 가시적으로 선교가 축소되는 상황이 일어났다. 이것을 견딜 수 없는 소위 '복음주의' 계열에서 새로운 선교 운동을 시작했다. 우리가 알고 있는 수많은 선교 운동들이 1970년대 이후에 시작되었고 이렇게 시작된 선교 운동에 한국 교회는 80년대부터 본격적으로 참여하였다.

다시 교회와 선교 단체의 활발한 사역으로 인해 20세기 중반에 결과적으로 교회의 역할을 약화시켰던 미시오데이, 즉 하나님의 선교라는 용어는 사라진 듯 보였다.

그런데 2000년대 들어오면서 '하나님의 선교'라는 용어가 여기저기서 다시 들려오기 시작했다. 그 이유는 처음 그 개념이 소개된 것과 같은 상황, 즉 선교의 주인이 교회인 것 같은 상황이 약 20-30년 만에 또 발생했기 때문이다.

선교는 다시 과업 중심, 경영 중심, 전략 중심으로 치우쳤고 반성의 목소리가 여기저기 들리면서 사라진 듯한 개념을 다시 꺼내 들게 된 것이다.

20세기에 이미 겪었던 잘못된 논의로 돌아가지 않으려

면 지금의 논의는 선교가 누구의 것이냐는 소유권의 논쟁이 아니라 선교는 무엇인지? 선교적 성삼위 하나님의 속성과 그분의 활동은 무엇인지 등 본래 제기되었던 논의와 성찰로 가야하고 이를 위해 성경을 다시 읽는 노력을 해야 한다.

감사한 것은 이 용어가 다시 논의되면서 동시에 성경을 선교적으로 읽는 '선교적 해석학' 혹은 좀 더 쉬운 용어로 '성경의 선교적 읽기'가 논의되고 확산되고 있다는 점이다.

성부 하나님께서 성령 안에서 성자를 세상에 보내신 것 같이 성자 예수님은 성령 안에서 자신의 선교적 제자 공동체를 세상에 보내셨다. 선교의 시작과 끝, 그리고 그것이 진행되는 과정은 모두 선교적 성삼위 하나님에게서 찾아야 하고 끊임없이 그 속성을 성찰해야 한다. 동시에 그런 성삼위 하나님의 선교의 연속선상에서 오늘날 제자 공동체인 교회의 선교가 성령 안에서 진행되어야 한다.

하나님의 선교라는 용어를 소유의 논쟁, 교회의 선교를 배제하는 도구로 사용하는 것은 그 범위를 벗어난 것이다. 성령 안에서 성자에게 올인하신 성부 하나님의 선교처럼 성자 예수님께서 성령 안에서 올인하신 제자 공동체의 선교는 여전히 유효하기 때문이다.

이것이냐 저것이냐로 항상 분리해 보려는 시도가 정확한 답을 주는 것이 아니다. 오히려 이것이고 또한 저것이라는 통합적 시각이 요구된다.

우선성과 궁극성
Primacy and Ultimacy

우리나라 여러 교단을 크게 나누는 용어는 예수와 그리스도(기독)이다. 그 사이 사이에도 많은 분류가 있지만 예수교와 기독교로 나누어 장로교는 예장, 기장, 감리교는 예감, 기감, 성결교는 예성, 기성 등으로 나눈다.

좀 더 범위를 넓혀 세계 기독교의 모습을 보면 역시 여러 분류가 있지만 크게 교회 일치 운동을 하는 에큐메니칼 진영과 복음주의(에반젤리칼) 진영으로 나누어 볼 수 있다. 영어가 칼(~cal)로 끝나기에 두 진영의 갈등을 '칼싸움'이라고 부르기도 했다.

너무 단순화하는 면이 없지 않지만 쉽게 말해서 복음주의 선교는 '영혼을 구원해야 한다, 그러니 전도에 강조점을 두는 선교를 해야 한다'는 입장이고 에큐메니칼 선교는 '사회의 구조가 개선되지 않고 몇몇 사람을 빼내는 방식으로 선교가 되는 것이 아니다'라는 입장이다.

그러니까 크게 사회적 책임과 전도의 책임이라는 두 영역을 분리해서 보고 각 진영은 그중 서로 다른 하나를 강조하는 것이다.

선교학자인 폴 히버트는 그리스적 이원론이 17세기 이후에 서구 사상을 주도해 오면서 이러한 이원론적 생각이 강화되었다고 지적한다. 그의 말을 인용해 보자.[5]

> 이러한 이원론은 복음 전도나 목회와 같은 "영적 사역"과 이 세상에서 물질적인 문제들을 다루는 "사회 복음"을 구분하도록 서구 선교사들을 이끌었다. 결과적으로 그들은 복음을 전하더라도 학교와 병원에서는 과학을 소개했다. 사람들은 선교사들이 소개한 과학은 받아들였지만 종교적인 가르침은 배척하여 세속주의가 확산되는 결과를 낳

앉다.

서구의 주도로 시작된 복음주의 선교 운동은 이 두 가지 영역을 어찌하든 봉합해 보기 위해 오랫동안 노력해 왔다. 크리스토퍼 라이트는 이렇게 고백한다.

> 전도와 사회적 책임이 어떤 관계에 있는지에 관한 질문은, 로잔 대회 직후부터 오늘날까지 복음주의자들 사이에서 계속해서 분열을 초래하는 이슈다.6

복음주의 선교 운동의 대부라고 할 수 있는 존 스토트는 전도와 사회적 책임을 '동반자'(partner) 관계라고 하였다. 동시에 그는 전도의 우선성(priority)을 이야기했다. 그리고 전도의 우선성을 정당화하기 위해 전도의 개념을 확장하여 복음 선포라고 하고 다시 복음 선포의 의미를 확장했다.

결국 전도라고 쓰고 총체적인 개념을 넣었다. 마치 전도가 우선이라고 주장하는 사람들을 달래기 위해 그 용어를 사용하고 실제 개념에서는 총체적 선교의 개념을 넣은 듯이 보인다.

현재 복음주의 운동에 깊이 관여하고 있는 크리스토퍼 라이트는 이 문제에 관해 좀 더 총체적인 관점을 가지고 있는데 따라서 자신은 우선성(primacy)보다 궁극성(ultimacy)이라는 말을 선호한다는 입장을 보였다.

그는 다음과 같이 말한다.

> 선교는 항상 전도로 **시작하지** 않을 수도 있다. 그러나 궁극적으로 하나님의 말씀과 그리스도의 이름을 선포하고, 회개와 믿음과 순종을 요청하는 것을 **포함하지** 않는 선교는 그 과제를 다 하지 못하는 것이다.7

그 후 다른 책에서 그는 "나는 전도의 우위성보다는 복음의 중심성(centrality of the gospel)에 대해 말하기를 선호한다"고 말한다.8 궁극성이 중심성으로 다소 변화했다.

요약하자면 처음에 사회적 책임과 전도적 책임을 두 개로 나누어 바라보는 이원론적 사고에서 출발했다. 그다음에 그 둘 중에서 전도의 우선성을 말했다. 그리고 나서 전도를 복음 선포라는 용어로 대체했다. 거기서 사용된 '복음'이라는 용어를 총체적으로 해석함으로써 사회적 책임과 전도적 책임의 봉합을 시도했다.

그리고 마지막으로 복음이라는 용어로 대체된 전도의 우선성이란 표현 대신 궁극성을 말했다. 그리고 거기서 한 걸음 더 나아가 그 복음의 중심성까지 왔다.

그렇다면 처음 논의의 출발이 되었던 이원론적 사고 자체를 포기하기 것이 옳지 않을까? 이미 개념적으로는 이분법적 사고를 벗어나 복음의 중심성을 논하는 상황에서 여전히 그 복음을 속으로는 전도라고 축소해서 이해하고 복음의 중심성이라는 말을 전도의 중심성으로 환원한다면 다시 논쟁은 원점으로 향하기 때문이다.

지금도 복음주의 선교 운동이 사회를 강조하면 전도를 주장하는 세력으로부터 욕을 먹고 전도를 강조하면 사회를 강조하는 쪽으로부터 비난을 받는다.

그런 전제를 벗어나 우리의 선교가 복음의 중심성을 회복해야 한다고 말하고 그 복음이란 용어를 전도라는 용어로 축소하는 대신 삼위일체적으로 사용해야 한다.

우리가 성부 하나님께서 성자 그리스도를 통해 계시하시고 이루신 구원과 창조의 회복을 오늘날 보혜사 성령께서 제자 공동체를 통해 지속하고 계시는 삼위일체적 선교라는 총체적 관점으로 이해한다면 제자 공동체가 서 있는 그리고 가는 모든 곳에서 바로 그 하나님의 나라가 회복되는 일이 일어날 것이고 일어나야 한다.

그리스도는 모든 역사의 주인이시고 피조물의 모든 영역이 창조의 목적대로 회복되기를 바라시기 때문에 그 모든 것의 주인이신 그리스도에게 일부분만을 드리면서 하나님의 뜻이 하늘에서와 같이 땅에서도 이루어진다고 말할 수는 없기 때문이다.

이분법적이고 이원론적인 전제에서 벗어나는 것은 그러한 사상이 뿌리 깊게 자리 잡은 서구 형제들과 자매들의 몫이기보다 총체적 사고와 문화를 가진 우리가 도울 수 있는 영역이다.

우리에게 잘 맞지 않는 그 논의에 빠져 같이 허우적거릴 것이 아니라 오히려 우리가 스스로 성경에 깊이 뿌리내리고 그 기반 위에서 깊은 성찰을 한다면 우리 자신은 물론이고 그 논의에서 벗어나지 못하고 있는 복음주의 선교 운동에도 공헌하게 될 것이라 믿는다.

상황과 실마리
Clue-Context

    교수님 한 분과 대화를 하다가 우연히 그분이 오래전 어느 모임에서 선교사 출신의 영국 선교학자 레슬리 뉴비긴을 만난 이야기를 들었다.

  외국에서 진행된 세미나에서 만났는데 잠시 차를 마시는 휴식 시간에 교수님이 뉴비긴과 교제를 하게 되어 한 가지 질문을 했다고 한다. "복음주의(evangelical)에 대해 어떻게 생각하시나요?"

  그러자 뉴비긴이 "복음주의는 성경을 읽지 않죠."라고

답해서 교수님이 깜짝 놀랐다고 한다.

복음주의는 성경을 목숨처럼 여기고 개혁의 전통인 '오직 성경'(sola Scriptura)을 중요한 가치로 삼기 때문이다. 의문을 표하자 뉴비긴은 이어서 이렇게 말했다고 한다. "복음주의는 성경을 인용하죠."

이 짧은 문장으로 뉴비긴은 복음주의 선교가 가진 엄청난 문제를 요약했다고 생각한다.

선교를 중요하게 여기는 복음주의는 선교의 당위성을 설명하기 위해 늘 성경의 근거를 중요하게 생각했고 신학교와 여러 선교학교에서 선교의 성경적 기초 혹은 관점을 늘 다룬다.

그런데 선교가 무엇인지를 깊이 성찰하기보다 이미 누군가 정의해 놓은 선교를 성취하는 것에 치중하다 보니 '선교의 성경적 기초'라는 말은 어느덧 이미 우리가 알고 있는 선교에 성경적 증거를 대기 위해 관련된 성경 구절을 찾아 인용하는(proof-text) 수준으로 전락하고 말았다.

이러한 문제가 간간이 지적되어 왔으나 본격적으로 공론화한 사람은 『하나님의 선교』, 『하나님 백성의 선교』 등의 책을 저술한 크리스토퍼 라이트, 그리고 비슷한 시기에 같은 의견을 가진 여러 학자들이다.

라이트는 학생들에게 선교를 가르치면서 주의를 환기시키고자 '선교의 성경적 기초'(the biblical basis for mission)라는 말 대신 '성경의 선교적 기초'(the missional basis for the Bible)라는 말을 사용하였다.

선교가 무엇인지를 알기 위해서는 먼저 성경이 무엇인지를 알아야 한다는 것이며 그러기 위해서는 인용 대신 성경 전체를 선교적 관점으로 읽어냄으로써 성경이 말하는 선교를 더욱 깊게 이해하려는 시도를 한 것이다. 뉴비긴의 말을 빌어 표현하자면 인용이 아닌 진실로 성경을 읽는 일을 시작한 것이다.

그 후로 소위 선교적 해석학 혹은 선교적 성경 읽기 논의가 다양하게 시작되었고 여러 책도 나와 있다. 논의는 크게 성경 본문을 강조하는 주장과 본문을 대하는 독자의 입장을 강조하는 주장으로 나뉜다.9

라이트는 본문에 강조를 두는 학자인데 성경을 하나님의 선교와 관련하여 세 가지 관점으로 정리하였다. 하나님의 선교에 대한 기록으로서의 성경(the record of God's mission), 하나님의 선교의 산물로서의 성경(the product of God's mission), 하나님의 선교의 도구로서의 성경(the tool of God's mission)이라는 관점이다.10

나는 본문과 독자의 입장(상황)을 종합하여 네 가지로 선교적 읽기의 요소를 정리하는데 그 네 가지란 먼저 성경 본문과 관련된 세 가지와 독자의 상황과 관련된 한 가지이다.

본문과 관련하여서는 먼저 성경의 전체 이야기를 선교적 관점으로 이해하는 것이고 그다음으로 전체 맥락 안에서 성경 각 권을 이해하는 것이며 세 번째는 본문의 기능으로서 성경이 어떻게 공동체를 선교적으로 형성해 가는지를 이해하는 것이다.

마지막은 독자의 자리인 상황인데 이 글에서는 이 부분을 좀 더 깊이 성찰해 보려고 한다.

* * *

선교적 성경 읽기에서 성경 본문을 어떻게 볼 것인지에

대해서는 여러 학자들이 사용하는 용어가 다르지만 내용적으로는 대체로 의견이 일치한다. 하지만 독자의 자리(상황)에 대해서는 조금 견해가 다르다. 핵심적으로 말하자면 독자의 상황이 성경 본문을 읽는데 어떤 역할을 하느냐에 대한 견해 차이다.

독자의 상황이라는 말은 두 가지의 의미를 가지고 있다. 하나는 성경이 기록될 당시의 독자 상황이고 다른 하나는 현재의 독자 상황이다. 라이트가 성경을 하나님의 선교의 산물(product)라고 한 것은 성경이 당시 공동체의 선교적 맥락에서 기록되었음을 말하는 것이다.

기록 당시의 독자이든 현재의 독자이든 독자의 상황을 지나치게 강조할 때 본문을 왜곡할 위험이 뒤따른다.

먼저 기록 당시의 독자 상황을 지나치게 강조하면 마치 성경의 본문이 기록 당시 독자의 상황만을 위해 기록된 것처럼 본문을 제한하게 된다. 물론 본문을 기록해야 했던 어떤 상황이 있었겠지만, 본문이 오직 그 상황만을 위해 기록되었다고 여겨서는 안 된다.

상황이 기록할 동기를 제공했다고 하더라도 당시의 독

자들이 그 상황만을 좁게 볼 것이 아니라 상황을 통해 근본적으로 바라보아야 하는 것까지 보게 하며 무엇보다 무소부재하신 하나님을 바라보도록 요구하려는 목적이 있었음을 무시해서는 안 된다.

예를 들어 어떤 아버지가 감옥에 들어간 아들에게 편지를 보냈다면 그 편지가 감옥 생활에 대한 메뉴얼이기보다는 비록 감옥에 간 것이 편지를 쓴 동기가 되었지만, 내용은 아버지가 아들에게 피를 토하며 쓴 사랑과 호소의 편지가 될 수 있기 때문이다.

게다가 기록 당시의 상황을 임의로 복원하고 성경 본문을 그 임의로 복원한 가상의 독자에 대한 매뉴얼 정도로 제한한다면 본문에 대한 상황의 역할은 과도함을 넘어 본문 왜곡의 주범이 된다.[11]

현재의 독자도 마찬가지이다. 자신의 상황을 지나치게 강조하면 글의 서두에 '읽기' 대신 '인용'하는 문제에서 이야기한 대로 자신의 상황에 맞는 본문을 취사선택하고 심지어 본문의 본래 의미와 무관하게 자신의 상황에 맞추어 본문을 왜곡할 위험이 있다.

그렇다면 기록 당시의 독자이든 현재의 독자이든 독자의 상황은 본문에 어떤 역할이어야 하는가?

나는 선교적 읽기에 있어 본문에 대한 상황의 역할은 실마리의 역할(clue-context)이어야 한다고 생각한다. 상황이 본문을 통제하거나 조정하는 것과 상황이 본문에 대한 실마리의 역할을 하는 것의 경계가 칼로 자르듯 나누어지지는 않겠지만 계속되는 묵상과 성찰로 그 둘 사이를 구분해 낼 수 있을 것이다.

우리에게 주어진 본문이 아무런 상황 없이 기록될 수 없다는 것에 동의한다면 상황을 무시하고 본문을 진공상태의 본문으로 보려는 '극보수'의 관점은 여기서 논외가 된다.

기록된 당시의 상황을 복원하는 것이든 혹은 지금의 상황이든 상황의 역할은 그동안 보지 못했던 본문의 의미를 더 깊게 보도록 도와주는 실마리의 역할이어야 한다. 실마리의 역할이란 어떤 것인가? 우리의 상황을 선교적 시각에서 바라본다면 상황이 본문에 대한 실마리의 역할이 무엇인지 점차 이해할 것으로 믿는다. 하나의 좋은 예를 소개하면 다음과 같다.

무슬림이 다수인 국가에서 사역하던 선교사가 전해준 이야기다. 그 나라 안에는 무슬림에 비해 소수인 기독교 공동체가 있었는데 다수 무슬림 국가 안에 있는 소수 기독교 공동체의 대부분이 그렇듯이 교회의 선교적 정체성은 상실되고 외부 의존도는 높고 내부 지향적인 공동체였다.

그 기독교 공동체를 보며 이 억압받는 공동체—억압은 실제로 다수 무슬림에게서 오기도 하지만 오랜 세월에 스스로 위축된 면도 있다—의 선교적 정체성은 무엇일까 고민하던 선교사는 그 상황이 실마리가 되어 로마 제국 안에 있던 초기 기독교 공동체를 새롭게 생각하게 되었다.

선교사는 바울의 서신을 그런 억압받고 위축된 공동체에게 선교적 정체성을 일깨우는 선교적 서신의 관점에서 바라보았다. 그렇게 바라보니 주로 교회론의 관점으로만 해석되던 바울의 서신(에베소서)이 위축된 공동체에게 주시는 선교적 서신임을 보게 되었다.

그들이 하나님께서 이미 예정하여 세우신 선교적 공동체라는 것을 강조하는 내용도 보이고 이전에 윤리적으로 보이던 남편과 아내의 관계, 부모와 자식의 관계, 상전과 종의 관계 등이 이제는 그 공동체가 타락한 세상에서 어떻게 선교적 속성을 가지고 대안 공동체가 되어야 하는지를 제시하는 내용으로 읽혔다. 자신이 처한 상황을 실마리로 사용하여 본문을 새로운 시각으로 접근한 좋은 예라고 생각한다.

성경의 인용이 아니라 성경을 제대로 읽는 것, 선교의 성경적 기초가 아니라 성경의 선교적 기초 등 우리보다 앞선 사람들이 깊은 성찰을 통해 새로운 길을 제시해 주었다.

그런 고마움에도 불구하고 우리는 그것을 앵무새처럼 반복하기보다 그것을 도움 삼아 우리 자신의 성찰을 계속해야 한다. 그렇지 않으면 엉뚱한 길에 들어서서 말씀을 제한하고 왜곡하는 결과를 얻게 될 것이 뻔하기 때문이다.

모든 곳에서 모든 곳으로
From Everywhere to Everywhere

　　　　부유한 기독교 서구 국가 출신의 선교사들이 헌신하여 가난한 비서구 비기독교 지역에서 행해지는 것이 전통적인 선교의 모습이었다. 줄여서 '서구에서 비서구로'(from the West to the rest)의 선교였다.

　　선교역사가인 라토렛이 '선교의 위대한 세기'라고 칭했던 19세기가 막 지나고 20세기에 들어와 1910년 에딘버러에서 열린 세계선교대회는 '이 세대 안에 세계복음화'(The Evangelization of the World in this Generation)를 외쳤지만 참가자

1215명 중 영국과 미국의 참가자가 1000명(각각 509, 491), 그리고 나머지도 19명을 제외하고 모두 유럽을 포함한 범 서구인들이었다.12 그러니 선교는 곧 '서구에서 비서구로'라는 것이 전제되어 있었다.

그런데 기독교의 지형이 변하면서 언젠가부터 자연스럽게 선교는 '모든 곳에서 모든 곳으로'(from everywhere to everywhere)라는 구호가 등장하여 사용되고 있다. 선교는 일방통행이 아니라 모든 곳에서 모든 곳으로 진행되는 양방향 혹은 다방향이라는 개념이다. 그 말의 의미가 무엇을 의미하는지 이해 못하는 바가 아니지만, 이 새로운 용어에 대해 조금 더 생각이 필요하다.

먼저 복음을 접하고 깨달은 서구의 교회들이 복음을 듣지 못한 비서구 지역에 복음을 나누어 준 것은 전혀 이상한 일이 아니고 오히려 감사해야 할 일이다. 그러니 서구에서 비서구로 진행된 선교 자체가 문제가 있다고 볼 필요는 없다.

반성이 필요한 지점은 그것이 일방통행이라는 외형의 문제가 아니라 일방통행 방식으로 진행된 선교의 내용에 대한 것이어야 한다.

자신의 문화를 우월한 문화라고 여기고 더 나아가 그 문화와 복음을 동일하게 인식함으로써 자신들이 전하는 것이 문화인지 복음인지 깊게 성찰하지 않은 채 서구의 방식을 강요한 그 방식과 내용이 문제였다.

따라서 '서구에서 비서구로'에 대한 반성이 필요하다면 그 방식과 내용에 대한 반성이어야 하고 더불어 그 부분에 대한 수정이 있어야 한다.

그런데 지형의 변화에 따라 일방통행이 양방통행이 되었다고 해서 변화된 현상을 가지고 선교가 '모든 곳에서 모든 곳으로' 진행된다고 말하면 외형 변화만을 인식하는 셈이 된다.

게다가 성찰을 통한 반성 없이 서구에서 저지른 실수를 동일하게 행한다면 그것은 일방의 문제를 양방향과 다방향으로 확산하는 셈이 된다. 일방과 양방과 다방은 사실 모습만 다를 뿐 내용적으로 같은 것이다.

도로를 생각해보면, 양방향 도로는 일방통행 길을 붙여 놓은 것에 불과하다. 즉, 한 차선을 양쪽의 차들이 사용하는 것이 아니라 어차피 한 방향으로만 사용한다. 그 차선이 얼마나 넓은지에 관계없이 양방통행 혹은 사거리, 오거리, 육거리에 있는 한 차선은 한쪽 방향으로만 차가 달리는 것이다. 다시 말해서 의미적으로 볼 때는 모두 한 방향 통행이라는 말이다.

선교는 일방과 양방, 다방이 아니라 한 차선을 양쪽에서 이용하는 것과 같은 개념이다. 우리에게는 시골의 좁은 길 혹은 산에 있는 좁은 임도와 같은 개념이다. 동네의 좁은 골목길이라고 해도 좋다.

이러한 단일 도로(single-track road)는 중간 중간에 옆으로 피할만한 공간이 있어 앞에서 차가 오면 그곳으로 피해 양보한다. 경우에 따라서는 후진을 해서 비켜줘야 하는 때도 있다. 따라서 이러한 길에서는 늘 마주하는 차와 긴장 관계를 놓지 않고 누가 양보해야 하는지 등을 지속적으로 살펴야 한다.

외부인과 내부인이 만나는 선교는 이와 같다. 넓은 차선을 만들어 신경 안 쓰고 달리는 과업 중심이 바른 선교가 아니라 나의 이러한 행동, 내가 가져오는 물질 등을 현지인들은 어떻게 보고 또 어떻게 생각하는지 늘 물어야 하는 사역이다. 상대방의 상황과 관계없이 그대로 달릴 수는 없는 길이기 때문이다.

오늘날 성찰하고 회복해야 할 선교는 '모든 곳에서 모든 곳으로' 달려가는 선교가 아니라 좁은 길에서 마주 오는 차의 상황을 예민하게 살피는 그런 긴장이 살아있는 선교여야 한다.

다중심
Poly-Centric

　　오늘날 선교계에서 많이 사용되는 용어 중 하나가 다중심(poly-centric)이다. 앞서 언급한 '모든 곳에서 모든 곳으로'와 짝을 이루어 소개되는 용어이다. 기존 선교 패러다임에서는 좁게는 국제선교본부, 넓게는 서구라는 어떤 한 곳이 중심이 되어 그곳에서 선교의 정책이 결정되고 거기서 선교사가 파송되는 방식이었다.

　　하지만 오늘날 상황이 변화하고 기독교 지형이 달라져서 소위 세계 기독교(World Christianity) 시대가 되었으니 하나의 중심이 아니라 다중심으로 전환해야 한다는 주장이다.

따라서 선교의 중심도 소위 국제(international) 본부가 아니라 여러 지역이 동시에 중심이 되는 방식으로 전환되어야 한다는 것이다. 다중심이라는 생각을 지지하는 글이 아니니 이 용어에 대해 더 장황하게 설명하지는 않겠다. 요즘 웬만한 선교 글에서는 이 용어가 항상 등장할 정도로 많이 사용되며 확산되고 있는 용어이자 개념이다.

이 용어는 중심의 자리에 있던 세력과 중심에 있지 않던 세력 모두가 사용하는 용어이다. 중심의 자리에 있던 세력(국제 본부)은 반성을 통해 더 이상 하나의 중심, 즉 한 곳에서 기준을 만들어 모든 곳에 내려보내는 방식으로는 되지 않는다는 것을 자각하게 되어 이 용어를 사용하게 되었다.

동시에 중심이 아니었던 세력은 서구 혹은 국제본부를 향해 '더 이상 너희만이 중심인 것은 아니다'라는 지적을 하며 이 용어를 사용하게 되었다. 이렇게 자각과 성찰을 통해 나온 용어가 어떤 문제를 가지고 있는지 살펴보려고 한다.

* * *

우선 다중심(poly-centric)의 반대 개념은 무엇일까? '다-'의 반대 개념은 일반적으로 '단일-', 즉 단일중심(mono-centric or unicentric)이라고 생각한다. 그러니까 다중심이란 중심이 하나였는데 그것을 여러 곳으로 분산하는 개념이다. 언급한 바와 같이 서구만이 아니라 각 지역이 모두 중심이 되는 것이고 선교 기관에서는 국제 본부가 아니라 각 영역, 특히 각 현장의 리더십이 모두 중심의 역할을 감당하는 것이다. 그렇다면 지금까지 해 오던 단일중심에서 문제가 된 부분은 무엇일까?

단일중심에서 문제가 되는 것은 두 가지로 생각해 볼 수 있다. 하나는 '단일'의 문제이고 다른 하나는 '중심'의 문제이다. 단일은 외형이고 중심은 내용이다. 그러니까 기존 선교를 성찰할 때 '단일'에 문제가 있었던 것인지 아니면 '중심'에 문제가 있었는지를 살펴봐야 한다.

기득권을 가졌던 세력이 '단일중심'에서 '다중심'으로 바뀌어야 한다고 말한 것은 용어 자체로만 보면 '단일'에서 '다수'로 숫자가 바뀐 것 같지만 실제 그 반성을 했던 내용을 살펴보면 '중심'되었던 것에 대한 반성이다. 실제로 문제는 단일의 문제가 아니라 중심성의 문제이다.

비록 기존 세력이 '다중심'이라는 용어 속에 그런 겸손의 의미를 담고 있지만 이것이 하나의 용어가 되어 누군가에게 전해지면 그것을 받은 새로운 세력에서는 '이제 우리도 중심이다', 혹은 '이제 우리가 중심이다'의 개념으로 바뀌게 된다.

그렇게 되면 '단일중심'에서 가졌던 중심성의 문제가 여러 곳(poly)으로 확산하게 된다. 사실 모든 것은 자세히 들여다보면 단일에서 시작되므로 단일이 문제인 것은 아니다. 먼저 깨닫게 된 '단일'이 누군가에게 나누고 비록 여러 곳에 나누었을지라도 그 받은 자들은 다시 또 하나의 단일로서 그 나눔을 시작하게 된다.

다중심이라고 말하는 것은 기존의 서구 혹은 국제의 위치에서 바라보면 여러 곳으로 나누어지므로 다중심이지만 그것을 전해 받은 각 지역의 입장에서 보면 그 지역에서 새롭게 단일로서 시작하는 것이다. 따라서 '단일' 자체가 문제가 아니라 내용으로 들어가 보면 실제 문제는 '중심'이다.

좀 더 정확히 말하면 '중심'이라는 용어 속에 내재된 왜곡된 중심성이다. 그 왜곡된 중심성은 자신만을 혹은 자신이 정한 것만을 기준이요 답으로 인식하고 그것을 누군가에게 내보내고 강요하는 일방적 패러다임이다.

예수 그리스도는 '단일'에서 시작하여 여러 제자들의 발을 씻김으로 다수로 나아갔다. 외형적으로는 단일에서 다수로 자연스럽게 옮겨가지만 내용적으로는 '세족'으로 표현된 사랑과 섬김과 자신을 낮추시는 것의 확산을 명하셨다.

따라서 단일중심을 다중심으로 전환할 때 단일에서 다수로 옮겨가지만, 성찰의 관점에서 볼 때, 함께 붙어있는 중심이라는 용어에 대해서도 어떤 전환이 필요한지를 생각해야 한다. 그렇지 않으면 반성의 결과로 나온 이 용어가 그 반성의 과정을 겪지 않고 그저 새로운 중심으로 서게 된 여러 '중심'에서 하나도 변하지 않은 동일한 문제들이 확산될 것이기 때문이다.

그 문제란 자신을 중심으로 여기고 자신의 기준과 결정을 답으로 인식하여 자신보다 하위에 있다고 여기는 곳에 '명령'하는 문제이다. 따라서 선교의 전환기에 단일중심이 진정한 '다중심'이 되려면 중심이 섬김으로 바뀌어야 한다. 특별히 이 새로운 개념을 받는 쪽에서는 중심이 아니라 섬김으로 받아야 한다.

다중심이 아니라 다섬김(poly-serving), 다사랑(poly-loving)이 되어야 하는 이유이다.

뱀(BAM)과 램(LAM)

지금도 그렇지만 아프가니스탄은 오랫동안 선교의 문이 닫혀 있던 나라이다. 조선이 닫혀 있던 시절 선교사들이 국경 지대인 중국에 와서 조선 선교를 했던 것처럼 아프간과 국경을 맞댄 지역에 와서 기도하고 사역하던 선교사들이 있었다.

* * *

밀러 선교사는 아프간 서부와 가까운 이란 동부의 마샤

드에서 사역했는데 1921년 아프간과 국경을 맞대고 있는 자불을 방문하여 강 건너 아프간을 몰래 다녀왔다. 그리고 보이는 것이라곤 마른 풀밖에 없어 그것을 한 줌 가지고 돌아왔다. 가져온 마른 풀 조각을 선교 편지에 동봉하며 후원자들에게 "이것이 아프가니스탄의 첫 열매입니다!"라고 했다. 마른 풀 조각이 언젠가는 주님께 돌아오는 사람들로 대체될 것을 소망하는 편지였다.

밀러 선교사의 도전을 받아 이란 선교사가 된 미국인 윌슨 선교사는 그 당시 반대편인 이란 북서부 타브리즈에서 사역하고 있었는데 바로 그 1921년에 아들을 낳고 크리스티 윌슨이라고 이름했다. 크리스티 윌슨은 어려서부터 아프간 이야기를 들었고 커서 아프가니스탄 선교사가 되겠다고 말하곤 했다. 후에 미국으로 돌아가 교육을 받고 목사가 되었다.

1947년에 아프간 정부가 영어교사를 원한다는 소식을 듣게 되었고 전통적인 선교사의 신분이 아닌 영어 교사로 아프간 선교사가 된다. 1951년 아내 베티와 함께 아프가니스탄 수도인 카불로 가서 하비비아 고등학교의 영어 교사가 되었다. 현대적인 의미에서 '자비량 선교사'(tentmaker)라는 개념을 발전시킨 선교사가 바로 이 크리스티 윌슨이다.

선교의 문이 닫힌 지역에 창의적으로 접근하는 방법으로서 '자비량 선교사'의 개념이 시작되었고 근래에 와서는 선교비를 스스로 마련한다는 것으로 오해할 수 있는 '자비량'이라는 용어보다 '전문인 선교사'라는 용어가 보편화되었다.

더 나아가 단순히 비즈니스가 비자를 위한 수단(business for mission)이 아니라 비즈니스 자체가 선교적이 되어야 한다는 의미에서 BAM(business as mission)이라는 용어가 보편화 되었다.

이렇게 '선교로서의 무엇'(as mission)이 소개되면서 그 이후에 선교적 교회론 등의 발전과 더불어 '선교적 삶' 혹은 '선교로서의 삶'이라는 개념으로 LAM(life as mission)이라는 용어와 개념이 소개되었다. 이런 추세라면 아마도 곧 '존재로서의 선교'(mission as being) 혹은 '선교적 존재'(missional being), 즉 선교로서의 존재(being as mission) 같은 용어와 개념이 소개되지 않을까 조심스럽게 예측해 본다. 자꾸 새로운 용어가 만들어지는 것이다.

* * *

수학의 집합이론에서 차용하여 폴 히버트가 선교에 소개한 경계집합(bounded set)과 중심집합(centered set)이라는 선교원리가 있다.13

경계집합이란 경계선을 두고 안과 밖을 구분하는 개념이고, 중심집합이란 중심을 두고 그곳을 향해 있는지 아니면 멀어지고 있는지로 구분하는 개념이다.

히버트는 회심과 관련하여 문화마다 차이가 있기 때문에 안과 밖을 명확히 구분하는 경계집합 방식의 서구 문화 개념을 가지고 그런 식으로 구분하기 어려운 선교지 문화에 적용하는 것의 한계를 지적했고 오히려 선교지 문화는 중심집합의 개념이 더 적절할 수 있음을 제시했다.

나는 경계집합과 중심집합을 조금 변형하여 우리가 사용하는 선교 운동, 선교 용어에 적용해 보고자 한다. 그리고 중심이란 용어가 지향점을 표현하는 용어임에도 불구하고 때로 중심이라는 하나의 고정된 형식으로 오해되기도 하고 더 나아가 자신을 기준으로 보려는 왜곡된 중심이 되기도 하니 항상 바른 지향점이라는 의미를 담아 '본질'이라는 말로 대체하여 '본질집합'이라는 용어를 사용하려 한다.

선교의 초기에 '교회개척'이란 말은 선교지에서 주님을 예배하는 자생적 공동체의 개척이라는 깊은 이해를 함축적으로 표현한 단어였다. 그래서 선교라는 말과 교회개척이라는 말이 비록 같은 용어가 아니지만 의미적으로 크게 다르지 않았다.

하지만 점차 의미는 사라지고 '교회개척'은 말 그대로 교회를 건축하는 것, 심지어 자신의 교단을 세우는 것 등으로 축소되고 결국 좁은 교회건축의 경계(bound) 안으로 그 의미를 제한하게 되자 그 경계 안에 담을 수 없는 여러 다양한 형태의 선교 용어들이 등장하게 되었다.

하지만 새로운 운동, 용어, 개념들이 또 하나의 선교 경계를 만들어 선교의 경계를 여러 곳에 만드는 효과가 있었는지 모르나 선교의 본질(essence)을 되찾는 데는 성공했다고 보기 어렵다.

'성경번역' 선교도 마찬가지다. 초기 성경번역은 자신들이 이해할 수 있는 말씀으로 하나님을 예배하는 자생적 공동체를 세우는 총체적 개념이었다. 하지만 시간이 가면서 '성경번역'은 말 그대로 성경책을 번역하는 것으로 축소되어 하나의 '문서선교' 경계 안으로 들어가 버리고 말았다.

본질의 회복 없이 다만 많아진 여러 경계는 오히려 선교를 더 모호하고 가볍게 만들었다. 각각의 용어들이 자신들의 경계를 만들자 더 많은 경계들이 만들어져서 스포츠 선교, 단기 선교, 문화 선교, IT 선교 등 계속해서 새로운 선교 용어들이 만들어지고 그 만들어진 용어들은 또 하나의 경계를 만들었다.

그런 연장선상에서 BAM, LAM 등이 나오다 보니 그 용어가 지향하는 것은 본질 회복에 있음에도 불구하고 또 하나의 선교 유형처럼 되어 버렸다.

따라서 지금은 새로운 선교 유형을 더 개발해야 하는 시대가 아니라 이미 있는 수많은 선교 유형들이 본질 성찰을 통해 경계와 담을 풀어야 하는 시대이다.

경계와 담을 푼다는 것이 모든 선교가 같아져야 한다는 말이 아니라 각각의 유형은 다를지 몰라도 그것들이 지향하는 곳은 같은 본질이 되기 위해 함께 성찰하는 것이 필요하다는 말이다.

　'교회개척'이라고 쓰고 '제발 본질로 돌아가자'라고 읽어야 한다. BAM이라고 쓰고 '제발 본질을 회복하자'라고 읽어야 한다. LAM이라고 쓰고 '그리스도 중심의 본질을 회복하자'라고 읽어야 한다.

현지인과 내부인

　　　　기독교의 지형 변화가 일어나면서 전통적으로 선교를 감당해 왔던 서구를 가리켜 Global North라고 부르고 새롭게 기독교의 큰 지형을 차지하게 된 기존의 비서구를 가리켜 Global South라고 부른다.

　이런 변화를 인식하면서 선교와 관련해 중요하게 등장한 단어가 '현지인'이다. 그동안은 선교사 중심의 선교를 진행해 왔기 때문에 현지인은 선교사의 조력자(helper) 정도로 취급해 왔던 것이 사실이다.

사실 생각해 보면 현지인이 조력자가 아니라 선교사가 조력의 역할을 감당하기 위해 선교지에 간 것임에도 그런 인식이 부족했다. 한번 눈을 뜨자 여기저기서 '현지인' 절대주의가 강화되기 시작했다.

현지인이라는 것은 모든 용어들이 그렇지만 형식에 대한 논의를 위해서가 아니라 의미를 위한 논의의 결과로 나온 용어이고 개념이다. 선교사라는 외부인 중심의 선교가 가진 한계를 인식한 것이다.

그 한계의 가장 중요한 문제는 지속성이다. 외부인 중심의 선교가 지속성을 담보하기 매우 어렵기 때문이다. 선교사가 있는 동안은 무언가 대단한 일이 일어난 것 같은데 수십 년이 지나도 현지인에게 사역을 이양하기 불안하고 선교사가 떠나면 재산 문제 등 여러 예상치 못한 문제들이 발생하는 것을 보면서 지속가능하지 않은 선교를 해왔음을 그제서야 인식하게 되는 것이다.

그래서 현지인들이 스스로 지속가능한 선교를 하는 것이 중요하다는 의미에서 '현지인'이 강조되기 시작했다. 그러니까 '현지인'이라는 용어에 각주를 단다면 '스스로 성찰하고 지속가능한 사역이 되도록 함'이 될 것이다.

그런데 이런 각주를 포함하여 만들어진 '현지인'이 각주는 사라지고 용어만 남게 되니 순식간에 그 용어는 형식적 용어가 되어 '현지인'이면 된다는 식으로 변해버렸다. 말하자면 '현지인'이면 모든 것이 정당화되는 선교가 되어 버린 것이다.

예를 들어 한 종족에서 선교사가 오랜 시간 동안 현지인들과 함께 그 종족의 언어로 성경을 번역했다. 그런데 그 과정에 참여한 현지인이 말씀에 대한 깊은 헌신과 깨달음을 갖지 못하고 단지 번역하는 기술만 습득하여 완역이 되자 이후 여러 예상치 못한 문제들이 발생했다.

가장 큰 문제는 번역된 성경이 사용되지 않는 것이다. 그래서 선교 단체에서는 현지인의 역할을 강조하는 헌신과 결정이 이루어졌고 그것이 무엇을 의미하는지 어떻게 해야 그것을 이룰 수 있는지 지속적으로 성찰하게 되었다.

그런데 그런 성찰의 모임에는 참여하지 않거나 참여하더라도 동의하지 않는 단체들이 단지 '현지인'이라는 방법만을 취하였다. 그들은 더 많은 돈으로 더 많은 '현지인'을 고용하여 순식간에 성경책 번역을 마치고 '현지인'이 했다고 주장하는 일이 일어났는데 이것이야말로 현지인이라는 개념을 완전히 형식으로만 이해만 어처구니없는 일이다.

따라서 현지인이라는 용어는 '내부적 시각'이라는 의미를 포함한 내부인을 말하는 것이어야지 단지 국적이 현지인인 형식을 말하는 용어여서는 안 된다.

지금까지도 현지 사역자들에 의해 많은 선교가 이루어져 왔고 기독교 지형의 변화는 이런 일을 가속화하게 될 것이다. 국적만 같은 현지 사역자도 자신들이 들어가 사역하는 마을에서는 외부인이다.

따라서 '내부인'이라는 의미가 전수되지 않으면 외부인인 현지 사역자가 내부자의 시각을 배우려 하지 않고 국적이 같다는 이유로 스스로를 '현지인'이라고 착각하고 자신의 관점이 현지인의 관점이라며 모든 것을 정당화할 수 있다.

이렇게 되면 외부인인 선교사가 그동안 실수해 왔고 이제 겨우 성찰을 통해 교정해 보려고 하는 잘못을 현지 사역자들이 반복하게 된다.

외부인의 시각과 내부인의 시각이 서로 보완적인 역할

을 감당하고 외부인의 시각은 지속가능한 내부인의 시각을 돕고 교정하는 역할을 할 때 선교는 바른 방향을 찾아가게 될 것이다.

완전한 하나님이시면서 완전한 인간으로 오신 예수님께서 인간과 같이 되심으로 인간인 제자 공동체가 선교의 사역을 지속하도록 하신 것, 그리고 그 인간이 길을 벗어나지 않도록 보혜사 성령으로 함께 하시는 것 등을 묵상한다면 외부인의 시각과 내부인의 시각이 어떻게 보완과 조화를 이룰지 깨닫게 될 것이다.

선교 개념 성찰을 마무리하며

　　　　　　　선교적 존재, 선교적 방향, 선교적 태도는 기존에 매월 묵상했던 것을 보완한 글인데 그것과 성격을 조금 달리하는 '선교 개념 성찰해 보기'는 선교에 조금 더 진심인 분들이 오늘날 널리 알려지고 있는 몇 가지 개념을 성찰함으로써 우리에게 전해오는 모든 것들을 하나의 답으로 받지 말고 성찰의 재료로 삼자는 의미에서 다루어 본 것이다.

　소개한 여러 개념들은 기존 선교에 대한 반성으로 나온 개념들이다. 그래서 지금 널리 알려지고 있는 것이다. 다만 그렇게 성찰의 결과로 나온 개념이라 할지라도 그것이 성찰한 사람들이 의도했던 대로 전해지기보다 그 용어가 가진 형태로 전해지고 그것을 하나의 운동이나 슬로건으로 받는 사람들이 축소하고 왜곡해서 이해할 우려가 있기 때문에 몇 개의 사례를 가지고 나름대로 살펴본 것이다.

그러한 용어들은 비록 성찰의 결과로 나온 것이긴 하지만 대개 이미 기존 패러다임 안에 있는 사람들이 그 패러다임을 벗어나기보다는 패러다임 안에서의 혁신으로 제시된 것들이 많다. 그 이유는 변화된 환경에 대한 소위 대응적 반응(reactive response)을 하기 때문이다. 대응적 반응이란 마주치는 상황을 해결하기 위해 하나의 방법과 전략을 마련하는 일이다.

이런 비유를 해 보자. 지역교회에서 자주 일어나지는 않지만, 가끔 성도가 헌금을 어느 사역 혹은 어느 사역자에게 지정하는 지정 헌금을 한다. 그 빈도가 미미하여 교회에서는 지정헌금을 100% 그 지정된 곳에 전달한다. 그런데 어느 순간부터 지정 헌금이 조금씩 늘어나기 시작하고 교회 리더십은 그 변화에 주목하기 시작한다. 마침내 당회에서 그 문제를 다루어야 할 만큼 지정 헌금이 늘었다.

이때 당회는 어떤 반응을 보여야 할까? 지정헌금이 전체 헌금의 10%에 해당할 만큼 늘었으니 이제 모든 지정 헌금은 일정 부분을 행정비로 제한다는 결정을 하고 성도들에게 광고할 수 있다. 이런 반응이 바로 대응적 반응이다.

이런 대응적 반응은 그 상황이 변하면 다시 대응책을 논해야 한다. 그럼에도 불구하고 지정 헌금이 더 늘어 30%가 된다면, 50%가 된다면 행정비를 그에 따라 계속 늘리는 방식으로 대응할 것인가? 아니면 이제부터 지정 헌금은 무시하고 그냥 교회 재정에 포함하겠다고 결정할 것인가?

코로나가 한창 진행될 때 어느 국제선교 단체에서 코로나가 선교에 미칠 변화에 대비하기 위해 전담 팀을 구성하고 나를 외부 위원으로 초대한 적이 있다. 그때 앞으로 변화가 예상되는 재정 감소, 인력 감소, 현장 인력 철수 등을 다양하게 조사한 자료를 나누어 주면서 대비책을 논하기 시작했다. 그때 머릿속에 '이런 대응적 반응이 필요하긴 하지만 그보다 먼저 생각할 일이 있지 않은가?'라고 생각했다.

문제에 빠져들면 그때부터는 해결책을 위해 소위 브레

인 스토밍을 열정적으로 하게 되는데 나는 그들과 문화가 달라서인지 그 속에 빠져들지 못하고 조금 다른 시각으로 보게 되었다. 그래서 내 의견을 말할 차례가 되었을 때 "당신들은 지금 새로운 환경과 변화에 대해 대응적 반응(reactive response)을 하고 있는데 그것을 잠시 미루고 성찰적 반응(reflective response)을 하면 어떻겠는가?"라고 제시했다.

그러면서 "예를 들어 지금 선교지를 철수하고 다시 들어가지 못할 것 같은 선교사가 만일 2년 전쯤 이런 상황이 올 것을 알았다면 그 2년 동안 어떻게 했을까? 어쩌면 그것이 상황이 올 것을 알든 모르든 실제로 했어야 하는 선교가 아니었을까?"

성찰적 반응을 앞서 예시한 지정 헌금의 상황에 대입한다면 교회 리더십은 행정비 공제를 논하기에 앞서 왜 그런 현상이 벌어지는지? 혹 성도들이 교회가 하고 있는 재정 사용에 대해 별로 동의를 하지 못하는 것은 아닌지? 교회가 재정을 너무 교회 유지를 위해서만 사용하고 있는 것은 아닌지? 등에 대해 성찰해 보아야 한다.

그리고 만일 지정 헌금이 늘게 된 이유가 표면적으로 말은 안 해도 교회의 내부 지향적 재정 사용에 있었다면 그것을 반성하고 성도들에게 솔직하게 고백하고 좀 더 재정을 교회가 세상에 복음을 전하고 변화를 돕는 일에 사용하도록 방향 수정을 해 보겠다고 말해야 하지 않을까?

그런 관점에서 성찰적 반응에 좀 더 강조를 두게 되었다. 그런 방향 수정이 있고 나서 방법과 전략이 논의되어야 한다. 방법과 전략은 올바른 방향이 설정되고 나서야 유효하기 때문이다. 따라서 위에 언급한 몇 가지 개념뿐만이 아니라 우리가 일상에서 경험하는 모든 상황에 대해 성찰적인 반응을 먼저 할 수 있기 바란다.

글을 마무리하며

선교사로서 살아 온 지난 30여 년을 되돌아보면 성찰의 이정표가 되는 순간들이 있다.

아프가니스탄에 들어간 지 6개월 만에 나라의 상황이 여의치 않아 8살인 큰 아이를 이웃 나라인 파키스탄의 기숙사 학교로 보냈다. 마음이 편치 못했고 이러저러한 생각을 많이 해야 했다. 그리고 9개월 만에 탈리반이 정권을 잡아 모든 상황이 급변했고 계획했던 성경번역은 거의 포기해야 하는 상황이 되었다.

현장에서 예상치 못하게 겪은 다양한 상황들은 내가 이해하고 준비한 것을 펼치도록 하는 대신 계속 생각하게 만들고 고민하게 만들고 살피도록 만들었다.

선교 현장에서 6년, 겨우 종족 마을과 관계를 쌓고 비록 계획했던 사역은 아니지만, 지역사회개발과 문해교육 등의 사역을 펼쳐 나갈 준비가 되었을 때 한국 대표로 선임되어 가족이 귀국해야 했다.

한국 대표로 사역하던 시기는 한국 교회에 선교가 유행처럼 번져 각종 선교대회를 통해 젊은 헌신자들이 밀려오던 시기였다. 만일 현장에서 성찰해야 했던 상황이 없었더라면 아마도 나는 수많은 젊은이를 선교사로 동원하는 분야에 특화된 기술자가 되었을 것이다.

하지만 선교 단체로 선교사들이 밀려오던 시기에 나는 교회가 선교를 단체에 위임하는 방식이 고착화되면 교회는 선교적 정체성을 상실하게 될 것을 우려했고 지역교회가 선교적 정체성을 회복해야 한다는 목소리를 내었다.

후에 선교적 교회 운동이라는 것이 서양을 중심으로 논

의되고 우리나라에까지 소개되었지만 여러 가지 새로운 방식을 중심으로 소개하는 그 논의와 내가 생각했던 선교적 교회는 다소 차이가 있었다.

그 후 국제단체의 아시아-태평양 대표로 섬기게 되면서 본격적으로 선교의 의존 문제를 생각하게 되었다. 처음에는 주로 재정적인 의존 문제를 염려했는데 그것이 단순히 자급(self-supporting)이라는 재정 자립의 문제가 아니라 하나님의 선교를 스스로 인식하고 참여하는 자성(self-reflection)의 문제이고 성경을 스스로 읽어야 하는 자독(self-reading)의 문제이며 그를 통해 자신의 문화 안에서 하나님을 이해하고 관계를 맺는 자신학화(self-theologizing)의 문제임을 인식하게 되었다.

한번은 이런 일이 있었다. 동남아 한 국가에서 현지인 번역 선교사들을 대상으로 선교 세미나를 인도하게 되었다. 그들은 번역의 경험을 가지고 있고 히브리어와 헬라어 훈련도 받아 원어를 이용하여 성경을 번역하는 선교사들이었다. 오전에 그룹별로 성경 본문을 주고 묵상한 후에 전체 그룹에서 나누도록 하였다.

하지만 참석자들은 뭔가 불편해하는 기색을 보이더니

급기야 한 선교사가 손을 들고 이렇게 말했다. "우리가 성경을 이렇게 해석하고 발표해도 되나요?"

나는 깜짝 놀랐다. '성경을 번역하는 선교사들이 성경 해석을 해도 되냐고 묻다니 이게 무슨 말이지?'라고 생각하며 당황했다. 성경의 문장을 번역하는 것과 말씀을 스스로 해석하는 것이 다를 수 있다는 것을 인식하는 순간이었다.

그리고 더불어 현지인 번역 선교사가 아니라 현지인 번역 기술자를 양성하고 있다면 그것은 지속적인 선교가 아니고 의존의 문제는 해결되지 않을 것이라는 생각을 했다. 그것이 선교학적 성찰을 중요하게 여기게 된 또 하나의 전환점이었다.

현지 공동체가 스스로 지속하기 위해서 무엇이 필요한가? 그것이 가장 근본적인 질문이었다. 그리고 그것은 현지 공동체만이 아니라 나 스스로도 지속적인 성찰과 성장을 위해 모든 상황과 모든 것들이 성찰의 재료가 되어야 함을 의미했다.

매달 한편씩 칼럼을 지속하는 이유 중 하나도 스스로의 성찰을 위해서이다. 앞서 말한 대로 여기에 소개한 것은 몇 가지 사례에 불과하다. 살피는 일을 촉진하기 위한 사례일 뿐이다.

이제 지속적인 성찰의 몫은 독자에게 남겨두고 나는 이 방을 나가려 한다. 세상의 모든 것을 통해 주님을 깊이 살피고 성찰하는 일이 여기저기서 일어나길 기대한다.

성찰을 시작하며

1 한글 번역본에는 '선교학적인 반성'이라고 번역되어 있다. (데이비드 보쉬. 2017. 『변화하는 선교』. 김만태 역. CLC. 768.)

선교적 존재

1 한불 수교 130년을 기념하여 만든 다큐영화 '시간의 종말'에 당시 상황이 잘 드러나 있다. 영상참고:(https://www.youtube.com/watch?v=HXBt0dfNrfI)

2 김윤석, 설경구, 장현성, 조승우, 황정민 등 많은 배우들이 학전을 통해 성장했다고 한다.
3 존 위클리프는 14세기에 옥스포드를 중심으로 사역한 영국의 신학자이다. 옥스포드 대학의 교수로서 마틴 루터의 개혁보다 약 150년 앞선 시간에 개혁을 주장한 신학자이며 라틴어 성경만을 고집하던 시대에 영어로 성경을 번역하여 결국 이단으로 정죄된 개혁자이다. 그를 따르는 사람들은 롤라드라 불렸다. 존 위클리프는 '종교개혁의 샛별'로 불리는데 20세기에 성경번역을 주 사역으로 하는 성경번역선교회가 시작될 때 그를 기념하여 위클리프 성경번역선교회(Wycliffe Bible Translators)라고 이름하였다.
4 얀 후스는 체코의 개혁자로서 존 위클리프의 사상을 따랐다. 14세기 말부터 15세기 초까지 활동했으니 마틴 루터의 개혁보다 약 100년 앞선 개혁자이다. 결국 그는 1415년 콘스탄츠 공의회에서 이단으로 정죄받아 그곳에서 화형을 당했다. 그 공의회에서 이미 소천한 영국의 존 위클리프도 함께 정죄되어 소천한 지 40년이 지난 유골을 파내어 부관참시했다.
5 20세기 중반에 '하나님의 선교'라는 뜻의 라틴어 미시오데이(missio Dei)가 많이 사용되다가 한동안 자취를 감추었는데 21세기에 들어서면서 다시 이 용어와 개념이 활발하게 논의되기 시작했다. 논의의 대표적인 학자인 크리스토퍼 라이트는 『하나님의 선교』라는 책을 저술했다.
6 C. S. 루이스. 2008. 『영광의 무게』. 홍종락 역. 홍성사. 31.

선교적 방향

1 블레즈 파스칼. 2003. 『팡세』. 이환 역. 민음사. 158. 한글번역은 God을 하나님이 아니라 신으로 번역했다. 사실 파스칼의 말이라며 인용되는 유명한 말은 소위 하나님께서 인간 안에 만드신 공간(God-shaped vacuum)인데 누구도 출처를 밝히지 못하고 반복 사용되고 있다. 따라서

파스칼이 한 말이 아니라 위에 인용한 팡세 본문에 대한 해석적 인용이라는 주장이 있다.

2 <성교요지>는 『만천유고』라는 책 속에 포함이 되어 있는데 『만천유고』는 조선 후기에 이승훈, 이벽, 정약전, 이가환 등이 남긴 글들을 모아 편찬한 책이다. 『만천유고』의 위작설과 더불어 <성교요지>도 의심받고 있다. 중국 선교사였던 미국 북장로교 선교사 윌리엄 마틴(1827-1916)의 『쌍천자문』이라는 책이 있는데 <성교요지>와 내용이 사실상 같다. 보는 관점에 따라 달라 질 수 있는 문서의 외적 증거에 의존하기보다 본문의 내용인 내적 증거의 관점에서 판단하는 연구가 앞으로 더욱 필요하다고 생각한다. 『쌍천자문』은 신임 선교사들의 중국어 입문을 돕고자 마틴 선교사가 쓴 (더 정확히는 수집한) 것이다. <성교요지>의 내용을 고려할 때 이벽의 글이 마틴 선교사를 돕던 중국인에 의해 수집된 것으로 보는 것이 타당한지 아니면 선교사의 중국어 입문 글을 가져다가 천주교 창립 성조의 글로 위작을 만들었다고 보는 것이 타당한지에 대해서는 각자가 판단할 일이다. 다만 타문화 선교 경험을 가진 나로서는 선교지에서 10년 된 선교사가 현지어로 이렇게 깊은 글을 쓴다는 것, 특히 한자를 임의로 만들어 표현한다는 것(바리새를 음역하면서 모두 입구 자를 넣어 새로운 글자를 만들었다) 등은 상상하기 어렵다. 선교지에서 작자 미상의 것을 수집하여 보완하는 일은 흔히 있는 일이다. 그 외에도 여러 가지 의문이 있으나 글의 저자에 관한 글이 아니니 여기서 멈춘다.

선교적 태도

1 상징 빼앗기(symbol theft)는 선교학자 앤드류 월스(Andrew Walls)가 소개한 개념이다. 복음이 이방인에게 증거되면서 유대적 개념의 '기름부음을 받은자'라는 '메시아 혹은 그리스도'를 너머 '주'(퀴리오스)라는 단어로 표현되었는데 이는 당시 헬라 사회에서 이미 다른 신(kyrios Serapis)에게 사용되는 호칭이었다. 새로운 문화에 복음이 전해질 때 단순한 번역이 아니라 그 문화에서 사용되는 상징을 가져와 사용한다는 개념으로 앤드류 월스는 바울도 이렇게 헬라 개념의 '충만'(pleroma)을

예수 그리스도에게 부여하여 개념을 확장했다고 설명한다.(Andrew F. Walls. 1997. "Old Athens and New Jerusalem: Some Signposts for Christian Scholarship in the Early History of Mission Studies." *International Bulletin of Missionary Research* 21, no. 4.)

2 <나의 아저씨>도 박해영 작가의 작품이다. 아이유가 지안 역을 연기했고 그녀를 사람으로 대우하는 박부장 역은 지금은 고인이 된 배우 이선균이 연기했다.

선교 개념 성찰해 보기

1 정확히 어거스틴의 어느 문서인지 확인해 준 학자를 찾을 수 없었다. 주장한 사람들이 어디에서 인용했는지를 찾아보니 빌링겐 50주년에서 발표한 Tormod Engelsviken의 글로 귀결된다.(Tormod Engelsviken. 2003. "Missio Dei: The Understanding and Misunderstanding of a Theological Concept in European Churches and Missiology." *International Review of Mission* 92(367): 481-97.

2 정확히 미시오데이라는 용어가 사용된 것은 1952 빌링겐 대회에 대해 보고서를 작성한 할슈타인의 보고서에 등장한다. 하지만 용어 자체보다 이런 생각이 왜, 어디에서 출발되었는가를 이해하는 것이 중요하다.

3 데이비드 보쉬. 2017. 『변화하는 선교』. 김만태 역. CLC. 604-05.

4 선교학자 호켄다이크는 20세기 중반에 교회 중심의 선교를 비판하면서 그리스도 중심의 선교, 즉 하나님의 선교를 강조했다. 교회가 선교의 주체인 것으로 인식하며 발생하는 문제를 지적하려 했지만 반대로 지나치게 세상을 강조함으로써 '하나님께서 세상을 구원하시기 위해 독생자 예수 그리스도를 보내셨고 예수 그리스도가 마찬가지로 제자 공동체를 세상에 보내셨다'라는 점을 간과하게 되었다. 한쪽 측면의 강조는 늘 논의를 왜곡으로 치닫게 만든다.

5 폴 히버트. 1996. 『선교와 문화 인류학』. 김동화 외 3인 역. 죠이선교

회. 157.

6 존 스토트, 크리스토퍼 라이트. 2018. 『선교란 무엇인가』. 김명희 역. IVP. 51.

7 크리스토퍼 라이트. 2010. 『하나님의 선교』. 정옥배, 한화룡 역. IVP. 401.

8 『선교란 무엇인가』. 58.

9 헌스버거(Hunsberger)가 여러 주장을 네 가지 흐름으로 정리한 글은 한국선교연구원(KRIM)에서 발간한 현대선교(24)의 '선교적 성경 읽기'에 실려있다(53-77). 그는 이후 자신의 다른 글에서(2016, 66) 네 가지를 스스로 두 가지로 정리하면서 처음 두 개는 본문에 강조점이 있고 나머지 두 개는 독자의 자리(located)에 있다고 하였다.

10 크리스토퍼 라이트. 2024. 『하나님의 선교, 세상을 바꾸다』. 정효진 역. IVP. 22-35.

11 아마도 가상의 공동체를 만들어 그것으로 성경 본문을 재단하는 잘 알려진 사례는 '요한 공동체'라는 가상의 공동체를 만들고 그 공동체의 상황으로 요한복음을 해석하는 소위 '이중 구조 드라마'(two-level drama)일 것이다. (Martyn, J. Louis. 2003. *History and Theology in the Fourth Gospel*. 3rd ed. Louisville, KY: Westminster John Knox Press. 66.) 한때 유행했던 이 주장은 이제 여러 학자들로부터 비평을 받고 힘을 많이 잃었다. 그런 비평 중에 바이어스(Byers)의 비평이 주목할 만하다. 그는 '요한복음을 만들어낸 공동체가 아니라 요한복음이 만들려고 기대한 공동체에 초점'을 두어야 한다고 했다.(Byers, Andrew J. 2017. *Ecclesiology and Theosis in the Gospel of John*. Cambridge: Cambridge University Press. 3.)

12 Brian Stanley. 2009. *The World Missionary Conference, Edinburgh 1910*. Grand Rapids: William B. Eerdmans. 12.

13 히버트는 경계집합으로서의 기독교인을 다음과 같이 설명한다. 첫째, 사람의 속을 알 수 없으니 몇몇 특질을 가지고 구분하며, 둘째로 기독

교인과 비기독교인을 명확한 경계선으로 나누고, 셋째로 모든 기독교인은 오래되었거나 새신자이거나 같다고 보며, 마지막으로 그 경계 안으로 들어오게 하는 것이 선교(전도)라고 본다는 것이다. 반면 중심집합으로서의 기독교인은 먼저, 기독교인에 대한 정의가 중심, 즉 하나님이 누구신가의 관점에서 이루어지고, 둘째로 비록 기독교인과 비기독교인에 대한 명확한 구분은 있지만 강조점은 중심을 향해 있는가의 여부에 있으며, 마지막으로 기독교인들이 가진 다양성, 즉 성숙한지 아직 초신자인지 등을 인식하고 계속 중심인 그리스도께로 이동하도록 격려한다는 것이다. Hiebert, Paul G. 1978. "Conversion, Culture and Cognitive Categories." *Gospel in Context* 1(4): 24-29.

시리즈

"품"은 출판을 통해서 세계선교를 위한 성찰적인 기능과 새로운 대안을 모색하는 GMF Press의 시리즈 명칭입니다. 사단법인 한국해외선교회(Global Missionary Fellowship: 약칭 GMF)는 1987년에 설립된 초교파 복음주의 선교 공동체이며, 세계 복음화를 위해 한국 교회와 전 세계 교회의 파트너로서 섬기는 일을 다하고 있습니다. GMF 산하에는 다음과 같은 기관이 있습니다.

파송기관: GBT, GMP, HOPE, FMnC
지원기관: KRIM, GMTC, GPTI, GLFocus, MK-Nest, SNS, 법인사무국
품시리즈 위원: 권성찬, 김효찬, 이경춘, 홍현철

'품시리즈'는 GMF 감사로 섬겨주신 故최윤호 장로님을 추모하는 기금으로 시작되었습니다.

핵두변주(核斗辨州)
별을 보며 방향을 잡다

1 판 1 쇄 발 행	2024년 11월 15일
발 행 처	사)한국해외선교회 출판부(GMF Press)
지 은 이	권성찬
편 집 인	홍현철
디 자 인	윤희정
주 소	서울 양천구 목동중앙본로18길 78, 4층
전 화	(02)2654-1006
이 메 일	krim@krim.org
등 록 번 호	제21-196호
등 록 일	1990년 9월 28일

ISBN 978-89-86502-95-4 93230

© 2024년 한국해외선교회 출판부(GMF Press)

이 책의 전부 혹은 일부를 서면 허가없이 전재 및 복사할 수 없습니다.